AMOR, SEXO Y NOVIAZGO

SIXTO PORRAS

GRUPO NELSON
Una división de Thomas Nelson Publishers
Desde 1798

NASHVILLE   DALLAS   MÉXICO DF.   RÍO DE JANEIRO

Diseño: *Grupo Nivel Uno, Inc.*

ISBN: 978-1-60255-247-0

Impreso en Estados Unidos de América

10 11 12 13 14 BTY 9 8 7 6 5 4 3 2

Contenido

Agradecimientos

M i gratitud a Dios, que es mi fuente de vida y que en Su gracia infinita proveyó los medios necesarios y las personas claves para que este libro fuese posible.

Gracias a Helen, mi amada esposa, por ser una inspiración constante, y por seguir siendo mi novia, mi amiga y mi compañera de mil batallas. Doy gracias a Dios por Daniel y Esteban, mis hijos amados, quienes con su estilo de vida me indican que lo mejor es posible.

Gracias a todas y a todos los que, de una u otra forma, colaboraron aportando conocimiento, tiempo, esfuerzo y motivación.

En especial quiero expresar mi profunda gratitud a Maritza Ulate por liderar el equipo de trabajo y por su colaboración en la redacción y edición del libro, a Claire de Mézerville y a Tanya Brizuela por su trabajo de investigación, y a Guiselle Jiménez por su colaboración en las transcripciones y revisión del texto.

Mi agradecimiento a Mario Machado y Alex Grant por compartir su conocimiento y experiencia. Y a todos los jóvenes que participaron en los grupos focales, y también a los que amablemente accedieron para que sus historias fueran contadas en estas páginas.

Introducción

He decidido postergar las relaciones sexuales hasta el matrimonio,
pero el deseo es a veces tan intenso que me pregunto: ¿cuánto tiempo
más podré esperar?

¿Cómo puedo hacer para mantener la pureza y abstenerme de
tener relaciones, si ya las he tenido? ¿Qué herramientas tengo para
no volver a tener relaciones?

Una vez que haya tenido relaciones sexuales, ¿cómo o qué hago
con mis hormonas ya que he tomado la decisión de no hacerlo más,
excepto si llego a casarme?

¿Es realmente tan «mala» la masturbación?

Si tengo sueños mojados, ¿es esto pecado? Los he tenido y luego le
pido perdón a Dios. ¿Por qué en los sueños no sigo mis convicciones?

Las preguntas con las que se inicia este libro provienen de jóvenes que, al igual que tú, desean seguir el diseño que Dios ha establecido para el disfrute de las relaciones sexuales. En general, los jóvenes que desean vivir bajo los principios cristianos reconocen que Dios plantea el matrimonio como el escenario único en que se deben dar las relaciones sexuales. Es posible que este sea tu caso. Sin embargo, aun cuando a partir de este reconocimiento muchos hayan tomado la decisión de postergar el disfrute sexual, es frecuente que experimenten sensaciones, sentimientos y emociones que representen un verdadero reto para mantener esta decisión durante el tiempo.

> *Las sensaciones, sentimientos y emociones representan un verdadero reto*

El fin de la adolescencia es el punto de partida de una nueva etapa que para los fines de este libro llamaremos juventud. Usualmente, entre los dieciocho y veinte años, los jóvenes dejan

atrás las características propias de la adolescencia para asumir más responsabilidad, tomar decisiones trascendentales acerca de su vida, e iniciar el camino
hacia la independencia económica y emocional.

Frecuentemente, alrededor de los dieciocho años, los padres y las madres
dejan de lado las constantes conversaciones y advertencias en relación a la
sexualidad de sus hijos. Es posible que
consideren que la etapa de mayor
«riesgo» para los hijos involucrarse en
relaciones sexuales prematrimoniales
ha concluido con la adolescencia. Esto
te pone, como joven, en una encruci-
jada. Es hora de asumir la construcción de tu propio destino.

> *El entorno parece ir en contra de las enseñanzas, y así también las sensaciones y emociones que se experimentan*

Es usual que se impartan programas de educación sexual dirigidos en su
mayoría a los adolescentes. En el caso de los jóvenes, es frecuente que se asuma
que ya conocen del tema, que han tomado la decisión de postergar las relaciones sexuales hasta el matrimonio, y que viven complacidos con esa decisión.
En cierta manera, se asume que al entrar en esta etapa ya están preparados
para poner la sexualidad en la modalidad de «espera» hasta la noche de bodas.
Sin embargo, la experiencia parece demostrar lo contrario. El tema de las relaciones sexuales antes del matrimonio, y en general los temas relacionados con
la sexualidad, no solo son ejes impor-
tantísimos en la vida de los jóvenes,
sino que también son fuente de confusión y frustración por la dificultad
que se presenta cuando tratan de conjugar lo que se les ha enseñado en el
hogar sobre este tema con la realidad

> *Es hora de asumir la construcción de tu propio destino*

que viven. El entorno en que los jóvenes se desenvuelven parece ir en contra de
esas enseñanzas, y así también las sensaciones y emociones que experimentan.

Es por esa razón que quisimos detenernos en el camino y preguntarnos por
la realidad que viven los jóvenes, no solo en cuanto a las relaciones sexuales en su
condición de soltería, sino en cuanto a la sexualidad como un todo como parte
intrínseca de esta etapa de la vida, y de todas las etapas por las que transitamos.

Con esta intención, desarrollamos un estudio con el fin de adquirir una percepción fundamentada de las opiniones, inquietudes, necesidades y vivencias de jóvenes que han escogido vivir de acuerdo a una correcta interpretación de lo que es la sexualidad. Así también tratamos de discernir, desde su punto de vista, cómo abordar sabiamente esta etapa de vida en la que el amor, el sexo y el placer están a flor de piel, y en la que recae en el individuo, a partir de su recién estrenada independencia, tomar sus propias decisiones y hacer avanzar su proyecto de vida. Los capítulos que el joven leerá a continuación han sido pensados con el propósito de ayudarle a dar respuesta a las numerosas preguntas que surgen mientras construye su proyecto de vida, con la meta de que tome las decisiones más acertadas que le permitan una vida plena según los valores en que ha decidido fundamentar su existencia. Solo las decisiones reflexionadas con un norte definido, nos permiten dibujar recuerdos que resulten satisfactorios cuando pasen los años.

> *Las decisiones reflexionadas con un norte definido, permiten dibujar recuerdos que resulten satisfactorios cuando pasen los años*

Hace algún un tiempo una joven me dijo: «He decidido vivir mi sexualidad sabiamente porque quiero tener el mejor atardecer de mi vida». Esta podría ser una excelente fuente de inspiración para que decidas cómo vivir tu sexualidad.

CAPÍTULO I

Cómo entienden y viven su sexualidad los jóvenes

Por fin tengo independencia para decidir cómo vivir mi sexualidad. ¿Qué hago?

La historia de Vivian

Tengo veinticuatro años, soy soltera y siempre he tenido la sensación de que algo anda mal conmigo. A mis catorce años, mi vida transcurría sin mayor tropiezo. Estaba en un buen colegio, tenía buenas amistades y hasta sostenía una relación inocente, de niños que «se gustan», con un muchacho muy decente.

Sin embargo, por aquel entonces, en una fiesta familiar conocí a un muchacho totalmente diferente a mis amigos. Era muy independiente. Desde que lo conocí me impresionó mucho, y al poco tiempo iniciamos una relación de noviazgo. A raíz de algunos comentarios que circulaban acerca de él, la opinión de algunas personas cercanas, entre ellas mis padres, sobre mi nueva relación, no era favorable. Me prohibieron verlo, por lo que empecé a mentir acerca de dónde y con quién salía. Me escapaba del colegio, inventaba trabajos grupales, etc. La relación continuó por unos cuatro meses, hasta que un día él dijo que había encontrado a alguien más. Fue un golpe durísimo para mí.

Hasta aquí parece ser una historia más de romance adolescente; sin embargo, romper con él me provocó tal desequilibrio que ese día traté de quitarme la vida y terminé en el hospital. Después de esa dura experiencia, cambié de colegio, y mi *vida continuó de forma más o menos normal. Ingresé a la universidad y me hice de nuevas amistades con nuevos chicos.*

Alrededor de los dieciocho años tuve mi primera relación sexual con un muchacho del que no recuerdo que fuera ni bueno ni malo. Pasó por mi vida sin dejar nada positivo. Para ese tiempo, y por circunstancias difíciles con la salud de mi padre, empecé a actuar de forma rebelde y descontrolada. Fue un período en el que mis actos simplemente respondían a mis deseos y caprichos inmediatos, y mi vida no tenía rumbo cierto.

Luego, empecé a trabajar, y sucedió que volví a encontrar a aquel muchacho «distinto e independiente» que me había roto el corazón a los catorce. La relación comenzó de nuevo. Mis padres, al igual que otros a mi alrededor, expresaron su desaprobación, pero tuvieron que aceptar mi decisión de volver con él.

Nuestra relación duró cuatro años; los peores de mi vida. De forma paradójica, ambos tratábamos de buscar de Dios. Sin embargo, nunca dejamos que sus enseñanzas pusieran orden y fundamentaran nuestra relación. Simplemente fue una pesadilla. Abundaban los pleitos y los gritos, y continuamente nos faltábamos el respeto.

Por mi parte, me la pasaba vigilándole, ya que sabía de su adicción a las drogas, la que había adquirido poco después de nuestra primera relación. Me volví una loca obsesiva tratando de cuidarlo para evitar que volviera a llegar hasta el hospital psiquiátrico, donde ya había estado por su problema de adicción. Sabía que fumaba marihuana, pero de una u otra manera, yo siempre lo disculpaba, tanto por el consumo de drogas, como también por su aberrante actitud y comportamiento. Un día me pegó tan fuerte que me mandó al hospital con la nariz muy golpeada. Por intervención de una buena amiga, hice la denuncia correspondiente ante el juzgado y me dieron medidas de protección. No obstante, a los pocos días, ahí estábamos de nuevo juntos. Era increíble mi falta de amor propio. Nada cambiaba, así que con mucha dificultad terminé la relación o eso creí haber hecho.

Hace más de un año que tengo un noviazgo con otra persona muy decente, totalmente distinto. Un hombre trabajador, dedicado al deporte, muy seguro de sí mismo; en fin la otra cara de la moneda. Aun así, el pasado no ha quedado atrás. No dejo de volver la mirada atrás buscándolo. Estoy consciente de que el problema soy yo, mi falta de amor propio. Soy una persona insegura, llena de complejos y dependiente de otros. No tengo control de mí misma. Hoy quiero esto, mañana lo otro.

En cuanto a mi vida espiritual, creo conocer a Dios, pero jamás he logrado que guíe mi vida. Nunca he caminado de acuerdo a sus principios. Usualmente lo busco cuando estoy muy mal, o cuando estoy muy bien, pero no dejo que me acompañe en mi diario vivir. Cuando sé que estoy haciendo algo que está mal, me aparto como con vergüenza.

Hoy puedo decir que mi vida es totalmente inestable. No sé hacia dónde quiero ir. Soy dependiente afectivamente. Me da miedo la soledad y enfrentarme conmigo misma. Por un tiempo creí haber avanzado mucho hacia una mayor estabilidad y control. Sin embargo, siento que voy hacia el abismo de nuevo.

Mi relación iba bien, y el resto de mi vida iba tomando rumbo, hasta que me entró la desesperación por saber de él. De nuevo lo busqué y ahora siento que no hay marcha atrás. Me volví a involucrar en esa relación peligrosa que sé que no me traerá más que problemas. No entiendo por qué entonces lo busco, pero no lo puedo evitar. Es más fuerte que yo, necesito estar con él.

Soy una cobarde. No puedo sostener mis decisiones en el tiempo. Voy a perder lo que hasta hoy he ganado. Voy hacia el fracaso y no sé cómo detenerme.

∽

A los jóvenes, más que un rango de edad, es el crecimiento emocional y una mayor independencia económica e individual lo que los define. En las últimas décadas, cada vez más jóvenes deciden no optar por el matrimonio debido a factores como las aspiraciones académicas, los proyectos de realización profesional y la búsqueda de estabilidad económica, entre otros. A nivel biológico, la persona joven que ha dejado atrás la adolescencia, se encuentra en la plenitud de sus facultades físicas, sociales y sexuales. Se puede decir que se encuentra en una etapa donde ya ha ido construyendo su identidad, lo que refuerza el sentimiento de seguridad y autonomía en sí mismo. Y, aunque siempre está en vías de maduración, el énfasis lo coloca en el establecimiento de relaciones afectivas más estables y cercanas.

> *Más que un rango de edad, es el crecimiento emocional y una mayor independencia económica e individual, lo que define a los jóvenes*

Ahora bien, los jóvenes que han decidido tener una vida fundamentada en valores y principios cristianos, con miras a un desarrollo saludable, físico, emocional y espiritualmente, enfrentan desafíos distintos a quienes construyen su vida basándose únicamente en los parámetros personales de comodidad o conveniencia.

Son numerosos los desafíos cotidianos relacionados con la sexualidad que los jóvenes enfrentan. En este ámbito, la influencia de una sociedad permisiva en temas como los encuentros sexuales casuales, la carencia total de compromiso y la satisfacción inmediata del deseo sexual, genera una presión particularmente complicada, especialmente para quienes tratan de manifestar un estilo de vida acorde con los valores y principios que han elegido como guía para sus vidas.

> *Son numerosos los desafíos cotidianos que hay que enfrentar relacionados con la sexualidad enfrentados por ustedes*

En esta etapa de la vida, la adolescencia generalmente ya ha dejado el fruto de una identidad medianamente consolidada. Por lo tanto, se tiene una noción más clara de quién se es, y esta seguridad abre las puertas emocionales, afectivas y sexuales a la búsqueda de la intimidad con otros seres humanos, en particular, dentro de una relación de pareja.

> «No vivo la santidad como tal vez debiera, por muchas razones... la lucha con los pensamientos...»
>
> Comentario de una joven

Dada la independencia económica y emocional que probablemente ya han alcanzado, ciertas conductas —que eran sancionadas en la adolescencia—, son accesibles e, incluso, esperables, en esta etapa.

Ahora bien, esto puede, en muchas ocasiones, entrar en conflicto con el hecho de que la espiritualidad juega un papel muy importante en la construcción del proyecto de vida, y en la cosmovisión de quienes han decidido vivir de acuerdo a los principios cristianos. Este fue el caso de los participantes en el estudio que se efectuó con el fin de tener una mejor percepción del joven. Entre quienes participaron, el ámbito de la «espiritualidad» despertó más interés que otros propuestos. Este tema no pareció limitarse a la experiencia mística o a la tradición religiosa «encajonada» en un tiempo y un espacio grupal. Pareció ser el marco dentro del cual estas personas anhelaban alcanzar sus metas en los demás ámbitos de la vida.

> *Ciertas conductas son accesibles y esperables en esta etapa*

Por otro lado, para muchos de los jóvenes, el trabajo les consumía la mayor parte de su tiempo y energía. A pesar de que se indagó sobre aspectos como finanzas, arte, política y deportes, la búsqueda de una pareja pareció ser el anhelo más importante durante esta etapa. Ahora bien, si recordamos que estos contextos tratan la espiritualidad como prioridad, ¿cómo se concibe la vivencia adulta de una relación exclusiva y heterosexual, si tomamos en cuenta la tensión y el deseo sexual, el proyecto de vida y la propuesta cristiana de postergar las relaciones sexuales hasta el matrimonio?

> *La espiritualidad juega un papel muy importante en la construcción del proyecto de vida y en la cosmovisión que se tiene*

Al indagar sobre las definiciones que los participantes en el estudio atribuyeron a la «sexualidad humana», las respuestas se dirigieron hacia distintas vertientes. Para algunos, sexualidad es la relación social y circunstancial entre todas las personas, así como la forma de convivir con el sexo opuesto, producto del aprendizaje social. Para otros, la sexualidad es el medio para la reproducción. Lo interesante de las respuestas anteriores es que son algo básicas (la reproducción o el aprendizaje social son explicativos, pero no atañen a la vivencia personal), o son muy generales.

A la luz de lo anterior, y como primera herramienta para los jóvenes, es importante que ellos interioricen una definición integral de sexualidad que les permita constituir sus creencias a nivel de conocimiento, y con su experiencia psicoemocional. El propósito es que conciban

> «Para mí, la fe es un estilo de vida que hay que reflejarlo en todo lo que hago. Un estilo de vida diferente. Creer... yo le digo que, cuando creo en Dios, él me enseña a creer en mí, en las personas, en una vida diferente».
>
> Comentario de una joven

su propia sexualidad como un ámbito de la vida que pueden canalizar adecuadamente y de acuerdo con sus valores. El objetivo es que puedan sobrellevar los conflictos o la tensión que experimentan al haber optado, al menos a nivel de decisión, por no tener relaciones sexuales. Es primordial, para mantenerse o caminar hacia ese estilo de

> *La sexualidad es un ámbito de la vida que se puede canalizar adecuadamente y de acuerdo con los valores cristianos*

vida, tener una definición más profunda y, a la vez, concreta, de lo que es sexualidad sana, trascendiendo el ser activos sexualmente.

Por lo tanto, al hablar de sexualidad, es importante recordar que nos referimos a esa parte de la experiencia humana que responde a la necesidad de interrelacionarse con otros, encaminándose, por medio del aprendizaje con los demás, hacia la propia realización personal y la construcción subjetiva de la identidad.

En la relación sexual, la pareja busca el bienestar y el desarrollo de ambos, dentro de un encuentro que es exclusivo y único. Cabe recordar, entonces, que la vivencia saludable de la sexualidad comprende lo siguiente: afecto,

> *La pareja busca el bienestar y el desarrollo de ambos, dentro de un encuentro que es exclusivo y único*

confianza, sensación de seguridad y compromiso, respeto, libertad, responsabilidad y la convicción de tener relaciones sexuales con una pareja con la que hay una relación de compromiso, y dentro de un marco de proyecto de vida.

> «Tener relaciones sexuales se permite solo en el matrimonio, y no en el noviazgo, aunque todas las demás personas digan lo contrario».
>
> Comentario de un joven

No obstante, como estudiantes, los jóvenes perciben la presión de una sociedad que los estimula a llevar una vida sexual activa. Esta tensión se experimenta también en ambientes laborales y de recreación. Los jóvenes entrevistados han expresado la necesidad de contar con herramientas que les permitan manejar situaciones, dar respuestas ante las mofas o cuestionamientos de otros jóvenes, y canalizar adecuadamente sus necesidades afectivas y sexuales.

Además, se puede extraer de la conversación de los jóvenes, que el materialismo y la cosificación del cuerpo en la sociedad actual hacen de la sexualidad una interrogante, acompañada por el temor de ser utilizados como objetos de placer, o abandonados ante sus mismas necesidades sexuales y afectivas.

> *Relación de compromiso y dentro de un marco de proyecto de vida*

Entonces, ¿cómo interiorizar una definición apropiada de sexualidad?

«Sexo es tener órganos genitales y sexualidad es usarlos», contestó una alumna de primer año de secundaria cuando se les pidió a los integrantes del grupo que manifestaran la diferencia entre estos dos términos. «Amar, quererse, y respetarse no tiene que ver con la sexualidad», añadió.

Un joven de segundo año respondió que la sexualidad es saber las posiciones y formas de tener relaciones sexuales. Cuando se les hizo la misma pregunta a estudiantes de niveles más avanzados, las respuestas comenzaron a variar para incluir otros elementos intrínsecos a la sexualidad como lo son el afecto y la emotividad. Sin embargo, aun en grupos de jóvenes adultos es difícil reconocer el elemento espiritual dentro de su concepción de sexualidad.

El primer paso para entender apropiadamente la sexualidad es tener una definición clara que les permita a las personas conjugar sus creencias a nivel espiritual con la experiencia física y psicoemocional. El propósito es que entiendan su propia sexualidad de forma integral y de acuerdo con sus valores. Que se sientan seguros y satisfechos de optar en el diario vivir por la postergación de las relaciones sexuales hasta el matrimonio.

Es primordial, entonces, comprender de forma concisa lo que es una sana concepción de la sexualidad.

Antes de profundizar en el tema, es necesario esclarecer dos conceptos. Cuando hacemos referencia a la palabra «sexo», estamos haciendo alusión a ese conjunto de condiciones por las cuales logramos diferenciar a los hombres de las mujeres. Esto comprende aspectos fenotípicos, como lo son la composición anatómica (órganos reproductores, características sexuales secundarias, etc.), y los aspectos genotípicos, es decir la carga genética y cromosómica (XY para los hombres y XX para las mujeres).

Mientras que la sexualidad comprende la confluencia de una serie de facetas vitales, implicadas en la atracción, en el sentir y en el amar.

Muy al contrario de lo que exponen algunos teóricos, la sexualidad no puede ser únicamente entendida en función de la reproducción, o del encuentro físico ya que, la influencia del instinto, en nuestro caso (a diferencia de los animales), es diluida en la complejidad de nuestro ser. Si bien es cierto que a partir de la adolescencia se llegan a experimentar fuertes impulsos sexuales, los cuales se derivan de la hiperactivación hormonal, no se puede negar que otras áreas de la personalidad también entran en juego.

Hablamos de sexualidad sana cuando se integran todas las áreas de la persona en función del bienestar y del desarrollo tanto individual como relacional, hecho que hace posible encontrar a través de ella una enorme satisfacción. A continuación, pues, exponemos algunos elementos que implican una sexualidad sana así definida:

- Cuando se comparte con la pareja existe afecto, confianza, amor, sensación de seguridad y compromiso. Hay un alto grado de intimidad, estabilidad y comunicación.
- La persona conoce el valor real de la vida, por lo que evita exponerse y someter a los demás, a daños y perjuicios, o a situaciones riesgosas para la salud física, mental y emocional.
- Se tiene un profundo autoconocimiento y autodominio que deriva en el ejercicio pleno de la libertad con responsabilidad.
- Existe conciencia de la importancia de compartir la vivencia de la sexualidad con alguien especial. Esto implica la coincidencia en una serie de nociones tales como que la relación sea fuerte y esté consolidada, que exista respeto a las necesidades y tiempo compartido y que, por lo tanto, ninguna decisión sea impositiva.
- El ejercicio pleno de la sexualidad es parte del proyecto de vida que abarca todos los demás aspectos de la existencia. Por lo tanto, se hace necesario informarse, reflexionar y tomar decisiones en cuanto a cómo vivirla.
- La búsqueda de gratificación no debe ser egoísta. Más bien, la sexualidad debe ser un acto de entrega y de preocupación por el otro.

Sustancialmente distinto es el caso de las personas que limitan su sexualidad a lo genital, es decir, que pretenden únicamente implicarse en relaciones sexuales con el fin de experimentar una sensación pasajera. O bien es el caso de aquellos que consideran que una sexualidad vigorosa es la que se manifiesta en promiscuidad. Verdaderamente, tan errado es el primer criterio como el segundo. En ambas posiciones lo que ocurre es que se drena toda posibilidad de crecimiento y de nutrirse. Por consiguiente, la sexualidad se torna en una especie de compulsión irracional que consume y desgasta al individuo. Con esa actitud, las personas fácilmente destruyen relaciones, hieren a los demás, y se alimenta en ellos el vacío y la insatisfacción.

Por lo tanto, debemos tener claro que la sexualidad se expresa a cada momento por medio de besos, caricias, palabras y gustos. También debemos tener claro que, cuando entramos en contacto con otra persona, no podemos dividirnos, ya que todo nuestro ser se manifiesta en el acto.

Otro aspecto importante que se debe considerar al interiorizar una sana definición de lo que es la sexualidad, es la construcción cultural de la masculinidad y la feminidad.

Todas las personas tienen una forma particular de ser. La actitud, el comportamiento y los pensamientos de cada uno de nosotros nos hacen únicos. Sin embargo, estas cualidades idiosincrásicas se derivan, en gran medida, de un aprendizaje social, el cual es transmitido y asimilado desde nuestros primeros minutos de vida.

La identidad de género es un componente básico en esta conformación particular del individuo. A partir de la distinción física entre hombres y mujeres, se establece, por medio de la cultura, una diferenciación psicológica y social a través de lo que conocemos como feminidad y masculinidad. Es decir, la sociedad posee ciertos parámetros asociados al ser masculino o femenino que nos indican cómo comportarnos. El problema surge cuando estos parámetros tienden a la discriminación, o cuando se sustentan en mitos. Por ejemplo, por lo general se les regala a las niñas juguetes como muñecas y juegos de belleza, mientras que a los niños es común obsequiarles pistolas o carritos. Como vemos, indirectamente, desde pequeños, se enseña que la mujer debe preocuparse por la belleza y el cuido de los otros, mientras que a los hombres se les incentiva a la acción y a la violencia. Este tipo de categorizaciones excluyentes, aprendidas a través de la observación de la conducta de los padres, de los juegos, de los medios de comunicación, etcétera, a veces tienden a producir formas disfuncionales de relacionarse, lo cual afecta incluso la sexualidad.

Mitos asociados al género

Lo que comúnmente se denomina como «mito» son todas aquellas creencias populares fundamentadas en hechos que carecen de sustento en la realidad. Estas nociones colectivas, muchas veces instauradas de forma inconsciente, generan problemas, ya que inducen a la manifestación de conductas basadas en principios distorsionados.

Algunas convicciones erradas respecto al género, son las siguientes:

- «El hombre que rechaza la posibilidad de tener un encuentro sexual, no es hombre».
- «La mujer que ya ha tenido relaciones sexuales con otros, no es un buen partido para contraer matrimonio y tener hijos con ella».
- «El hombre llega sexualmente hasta donde la mujer se lo permite».
- «El hombre siempre debe tomar la iniciativa».
- «La mujer que ha tenido varios novios es porque anda en busca de sexo».
- «Los hombres son infieles por naturaleza».
- «La mujer debe preocuparse por mantenerse bella para conservar a su pareja».
- «El hombre, entre más mujeres tenga, más hombre es».

Estos, y muchos otros mitos, dan paso al ejercicio de una sexualidad desintegrada, irresponsable, disfuncional y discriminatoria entre los sexos. Como podemos interpretar, este tipo de directrices fomentan una masculinidad que censura la expresión emocional, y que incentiva la pérdida de control, la promiscuidad y la frivolidad del encuentro sexual. Además, son directrices que señalan implícitamente que a través de la sexualidad uno manifiesta y acrecienta su poder. Por otro lado, los mitos acerca de la sexualidad tienden a la construcción de una feminidad basada en la pasividad y la resignación, centrando su valía en la belleza externa y generando una dualidad entre la concepción de mujer erotizada y mujer madre-esposa.

Los medios de comunicación

En consonancia con las distorsiones relativas a la sexualidad antes expuestas, tenemos que ubicar los muchos mensajes emitidos por los medios de comunicación. Si nos ponemos a observar detenidamente, gran parte de la información del entretenimiento gira en torno a tres ejes temáticos: el dinero, la violencia y el sexo.

Esta predominancia programática denota, de forma generalizada, que nuestra sociedad carece de desarrollo espiritual, y que más bien se concibe la vida como una especie de lucha entre unos y otros por alcanzar estados de satisfacción o gratificación momentánea, vinculándose al consumo y a la exaltación de lo material. Bajo esta lamentable premisa se desarrolla una parte importante de la publicidad, de la cinematografía, de la música y de la televisión. Por ejemplo, algunas canciones contienen mensajes que enmarcan la sexualidad únicamente como un intercambio de sensaciones placenteras, como si la pareja fuera simplemente un instrumento u objeto para satisfacer una necesidad. Existe en la publicidad y en la televisión un culto a la belleza, al estar delgado y a la moda, señalando implícitamente que lo superficial es lo más valioso, y que sólo así se obtiene la felicidad. El Internet está saturado de páginas pornográficas, cuyo fácil acceso garantiza una amplia difusión. Ciertamente, la pornografía, al concentrar la mayor cantidad de distorsiones, produce en sus espectadores la incorporación de una visión de la sexualidad distorsionada y totalmente plagada de mitos. La pornografía, al disociarse del plano afectivo, incentiva los estilos más disfuncionales de interacción. Es decir, que a través de los medios de comunicación se desvirtúa el concepto real de la sexualidad, equiparándola a una mercancía.

En síntesis, que la juventud no cuenta con una cultura, o con referentes que les faciliten desarrollar una noción sana de la sexualidad, tarea esta que se ve continuamente entorpecida. Por lo tanto, es necesario que los jóvenes logren construir y mantener sus propios criterios, firmes y claros, por medio de un agudo juicio crítico, y una vida espiritual enriquecida, ya que son las mejores herramientas para adquirir mayor madurez y preparación respecto a la toma de decisiones importantes.

CAPÍTULO II

Reaprendamos el plan de Dios para la sexualidad

¿Para qué nos hizo Dios de tal forma que sintamos ganas de tener sexo si después nos lo prohíbe? El sexo es impuro, ¿cierto?

Del diario de una joven

*S*i supieran lo que hago cambiarían totalmente la opinión que tienen de mí. No puedo dejar que nadie se dé cuenta pero entonces, ¿qué voy a hacer? Tal vez es que hay algo malo en mí. Le he pedido a Dios que me saque esto. ¿Cómo puedo sentir deseos tan bajos, tan sucios? No es posible que esté cerca de Dios si siento estas cosas y lo que hago es imperdonable, pero no lo puedo evitar. Oh Dios, ¡cuán decepcionado debes estar de mí!*

La sexualidad, un don de Dios

Antes de entrar a reflexionar sobre la sexualidad desde la perspectiva de Dios, es importante esbozar lo que entendemos por ella. Santelices, et al. dice: «Lo que humaniza la sexualidad no es el ejercicio de lo genital. Lo que la hace personalizadora es la capacidad que ella tiene en nosotros de significar y expresar amor...».[1]

> *La sexualidad no puede limitarse a lo genital*

La sexualidad no puede limitarse a lo genital. Cuando se reduce la sexualidad a la relación física, en particular a la de carácter genital, se están obviando muchos componentes que forman parte de las relaciones interpersonales entre seres humanos. Así, las personas han desvalorizado la sexualidad en cuanto a sus ámbitos cognitivo (creencias, expectativas y atribuciones), emocional, conductual y espiritual, anteponiendo lo biológico.

Aunque los impulsos sexuales son inherentes a las personas —por cuestiones fisiológicas— la decisión voluntaria de tener un encuentro sexual genital con otra persona, es una de índole social. Es decir, que por vivir en una sociedad específica, adquirimos los valores, códigos y, en general, las formas de comportamiento particulares de dicha sociedad. Así también, esta decisión está influenciada por el desa-

> *La afectividad es uno de los elementos de diferenciación central entre sexualidad humana y sexualidad animal*

rrollo psicológico que hayamos tenido de acuerdo a los numerosos factores que lo determinan. A diferencia de los animales, que se conducen por instinto y fuerza, el ser humano es capaz de acercarse a la realidad de la otra persona y decidir actuar en beneficio de su pareja, aunque eso signifique la propia frustración temporal. Esa capacidad de empatía y de cercanía emocional se entiende como afecto, y la afectividad es uno de los elementos de diferenciación central entre sexualidad humana y sexualidad animal. Otra manera de enfrentar la complejidad del ser humano es dividiendo todo lo espiritual, emotivo o de convicciones, de lo corporal.

> «La sociedad tiene conceptos muy errados, y hablar sobre sexualidad es un tema que hemos dejado como secreto, como debajo de la mesa, y poca gente habla francamente del mismo; y creo que es difícil de abordar correctamente».
>
> Comentario de un joven

Existen varias maneras de visualizar este punto, las cuales pueden exponerse como tres alternativas, tal como lo presenta Santelices, et al.:[2]

1. Realidades que se oponen: La gente ha aprendido a ver el amor como un sentimiento angelical —un ángel no tiene cuerpo—, y a la sexua-

lidad como un tabú, algo de lo que no se puede hablar por ser sucia y deshonrosa.

2. Realidades que se identifican: Se empieza a creer que amar es necesariamente tener experiencias sexuales genitales. El pudor y la virginidad se menosprecian.

3. Realidades que se comunican e interrelacionan: El amor se puede expresar en un comportamiento sexual, pero no se reduce a una experiencia genital. La sexualidad es un camino para expresar amor, pero no cualquier comportamiento sexual es amor.

Por lo tanto, desde esta última perspectiva, el ser humano es la unidad indisoluble entre cuerpo y espíritu, ya que es un espíritu encarnado y un cuerpo humano espiritualizado. Dividir estas dos dimensiones es destruir al ser humano.

> *La sexualidad es un camino para expresar amor, pero no cualquier comportamiento sexual es amor*

Otro de los aspectos importantes que se deben tomar en cuenta al referirse a este tema es la diferencia entre sexo y sexualidad. Estos son dos conceptos relacionados, pero que no se refieren a lo mismo. Sexo es un concepto que alude a las condiciones por las que es posible diferenciar a los hombres de las mujeres, de acuerdo a su condición anatómica —a nivel de órganos y características sexuales secundarias— y a sus aspectos genotípicos, es decir, lo definido por sus genes y cromosomas desde la misma concepción de la persona en el vientre de su madre. O, en palabras de otros autores, el sexo es «(el) conjunto de características genéticas, anatómicas, fisiológicas y hormonales que distinguen a los seres en orden a la reproducción…».[3]

La intimidad sexual genital es, entonces, un encuentro muy íntimo que se puede expresar de manera corporal, pero para que esta experiencia sea placentera en el momento, y significante en su totalidad, requiere estar enmarcada dentro de un compromiso más profundo.

> *Sexo y sexualidad son dos conceptos relacionados, pero no se refieren a lo mismo*

Sexualidad, por otro lado, se refiere a la confluencia de una serie de facetas, es decir, de las tres dimensiones del ser humano: la dimensión espiritual, la dimensión fisiológica y psicológica —pensamientos, emociones y conductas—, y las nociones de relaciones sanas entre las personas: la atracción, el sentir y el amar. Santelices, et al. la describe como una «realidad compleja y a la vez integradora; un conjunto de características genitales, afectivas, psicológicas, sociales y éticas que distinguen al varón de la mujer…».[4]

La sexualidad no se refiere solo al encuentro físico, a los instintos, al placer transitorio y a la reproducción.

> *La sexualidad en el ser humano es una parte integral de la relación cercana y exclusiva con alguien*

Aunque esas sensaciones sean fuertes, no se pueden negar las otras áreas de la personalidad que también entran en juego. A diferencia de los animales, en los seres humanos el encuentro sexual se enmarca dentro de la complejidad y riqueza que representa cada persona, así como la «conciencia del otro». Hablamos de sexualidad, entonces, integrando todas las áreas de la pareja, en función de su bienestar y de su desarrollo.

> «Sin lugar a duda, las creencias y prácticas religiosas son factores importantes en la toma de decisiones de los jóvenes en cuanto a cómo vivir su sexualidad».
>
> Comentario
> de un líder de jóvenes

La sexualidad en el ser humano es una parte integral de la relación cercana y exclusiva con alguien. Aun cuando una persona esté en una situación de infidelidad, el encuentro sexual es exclusivo y único. La sexualidad responde a la necesidad de establecer relaciones significativas que generen un complemento entre las personas. La experiencia de la vida humana es un viaje en el que cada ser humano tiene la imperiosa necesidad de interrelacionarse y, a través del aprendizaje con el otro, encaminarse hacia su propia realización, que integra lo fisiológico —la estimulación, la respuesta sexuada y el placer—, lo interpersonal o espiritual, y la construcción propia de la identidad.

Sin lugar a duda, las creencias y prácticas cristianas son factores importantes en la toma de decisiones

> *Sexualidad es la confluencia de las tres dimensiones del ser humano: espiritual, fisiológica y psicológica*

de los jóvenes en cuanto a cómo vivir su sexualidad. En Costa Rica, según la Encuesta Nacional de Juventudes de 2008, los jóvenes que tienen o han tenido relaciones sexuales, las inician entre los catorce y los diecisiete años. Al preguntárseles a los jóvenes de estas edades

> *La sexualidad responde a la necesidad de establecer relaciones significativas que generen un complemento*

que no habían tenido relaciones sexuales las razones por las que no lo habían hecho, el 52.2% de las mujeres en la zona rural incluyeron en su respuesta el cumplir disposiciones religiosas. En la zona urbana, el 41.1% de las jóvenes respondieron de la misma manera. En el caso de los hombres las respuestas representaron el 52.71% y 46.15% respectivamente.

Otro dato de interés es la importancia que las personas jóvenes le dan a Dios como proveedor de significado de la vida. En la misma encuesta se concluyó que para los jóvenes de entre quince y treinta y cinco años, de ambos sexos, *«Dios y los hijos y la familia son los aspectos más destacados que dan sentido a la vida».*[5]

> *Dios es el Creador de cada una de las partes del cuerpo y de todos los procesos fisiológicos, psicológicos y espirituales que en él ocurren*

Dada la relevancia de Dios como proveedor de valor y de las disposiciones religiosas en la toma de decisiones en cuanto a la vivencia de la sexualidad, se hace necesario reflexionar sobre lo que nos dice el Creador a través de la Biblia en relación a este tema.

Dios es el creador de todas las partes de nuestro cuerpo, sus sistemas y procesos

Si queremos lograr una comprensión real de la forma en que Dios desea que el ser humano viva su sexualidad, es vital comprender que Dios es el creador de cada una de las partes del cuerpo y de todos los procesos fisiológicos que en él ocurren, como también de todos los procesos psicológicos y espirituales que definen al ser humano. Cada uno de nosotros posee tres dimensiones básicas:

la física, la emocional-racional, y la espiritual. Tales dimensiones constituyen nuestra existencia y, sí, las tres fueron diseñadas por Dios en su infinita sabiduría. Por lo tanto, los componentes fisiológicos que desencadenan las distintas sensaciones y respuestas sexuales ante diferentes estímulos, y la forma en que lo biológico se relaciona con la dimensión psicológica y espiritual del ser humano, son producto del diseño perfecto de Dios.

> *Dios creó al ser humano con la capacidad de sentir no solo emociones sino también sensaciones físicas*

Dios creó al ser humano con la capacidad de sentir no solo emociones sino también sensaciones físicas, y estableció una relación intrínseca entre la forma en que sentimos a nivel físico y emocional, y nuestra condición espiritual.

Es natural tener respuesta ante los distintos estímulos que recibimos a través de los sentidos: el tacto, las imágenes, los aromas, los sonidos y el gusto. Y esto no es distinto en lo que se refiere a la sexualidad. Los autores Masters y Johnson reconocen las varias etapas que experimenta nuestro cuerpo ante el estímulo erótico, las cuales forman parte de lo que se conoce como la respuesta sexual humana. Dicha respuesta está conformada por las fases de la excitación, la meseta, el orgasmo y la resolución.

De forma básica, se puede decir que al ponerse en marcha la respuesta sexual, la sangre concurre en mayor cantidad hacia los órganos genitales, y la tensión muscular aumenta de forma generalizada. Sin embargo, las reacciones fisiológicas que se dan asociadas a esta respuesta son múltiples y complejas. Ante un estímulo dado, ocurre una excitación de los centros específicos cerebrales. A esto se le llama una excitación sicógena. La misma

> *Lo biológico se relaciona con la dimensión psicológica y espiritual del ser humano, y es producto del diseño perfecto de Dios*

puede producirse a nivel interno, a través de fantasías e imágenes eróticas, ya sea porque aparecen de forma espontánea, o porque son provocadas voluntariamente. También se da la excitación a nivel externo, la que ocurre a través de la estimulación táctil, visual, auditiva u olfatoria. El otro tipo de excitación que se puede dar es la reflexógena, que se produce cuando hay una estimulación de los órganos genitales de manera directa o a través de impulsos orgánicos.

Las órdenes nerviosas de nuestro cerebro ante la estimulación provocan una vasodilatación, lo cual tiene como objetivo llevar gran cantidad de concentración sanguínea a los genitales. Este proceso produce en los varones la erección del pene y en las mujeres la lubricación vaginal.

> *Debemos reconocer a Dios como Creador de todas las cosas, incluyendo nuestro cuerpo y todos sus procesos*

En cuanto a los estímulos, contrario a la percepción popular, estos no solo se limitan a prácticas u objetos inequívocamente reconocidos como eróticos. El sutil aroma de un perfume, por ejemplo, puede iniciar una respuesta sexual.

Dicho lo anterior, se hace necesario que reflexionemos sobre la forma en que pensamos y sentimos en relación a nuestra sexualidad, a la fe que profesamos, y a una vivencia espiritual cercana a Dios, reconociendo a Dios como Creador de todas las cosas, incluyendo nuestro cuerpo y todos sus procesos.

Origen de algunas de las creencias cristianas en cuanto a la sexualidad

Muchas de las concepciones que tenemos acerca de la sexualidad corresponden a dogmas arraigados en el cristianismo, pero que no necesariamente corresponden a la tradición judía o a las enseñanzas de Cristo. Por esta razón, se hace necesario conocer las principales corrientes de pensamiento que han marcado las creencias cristianas más difundidas acerca de la sexualidad.

> *La noción antropológica dualista propone que en el ser humano los elementos cuerpo y espíritu se oponen*

Se podría decir que el pensamiento dualista cuerpo-espíritu es el que ha predominado. Esta noción antropológica dualista propone que en el ser humano los elementos cuerpo y espíritu se oponen. El espíritu constituye la esencia del ser, siendo el cuerpo un «recipiente» que aprisiona al espíritu durante nuestra vida.

En la antigua Grecia, los pitagóricos, los estoicos y los epicúreos, conceptualizaban al ser humano de esta forma dualista. El filósofo Raymond Belliotti explica:

Más de cinco siglos antes del nacimiento de Cristo, los pitagóricos enseñaban un marcado dualismo entre el cuerpo humano mortal y el alma humana inmortal. Animados por la creencia en la unidad de toda vida, enseñaban que las almas individuales eran fragmentos de la divinidad del alma universal. Los pitagóricos sostenían que la única búsqueda de los humanos en la tierra debería ser la de la pureza espiritual que preparaba a las almas humanas a volver al alma universal. Afirmaban que la purificación se obtenía a través del silencio, la contemplación y la abstención de la carne animal. Hasta que las almas individuales volvían al alma universal, los pitagóricos sostenían que las almas estaban atrapadas en los cuerpos y sujetas a la transmigración: la muerte deshacía la unión de un alma individual con un cuerpo particular, y el alma transmigraba a un nuevo cuerpo de un ser humano o animal.

Los pitagóricos tuvieron una influencia significativa en las doctrinas de Platón sobre la inmortalidad del alma, la existencia de universales en un mundo de una verdad y una razón superiores, y de la filosofía como la preparación para la asimilación humana con la divinidad. Posteriormente, los estoicos postularon el ideal de tranquilidad interior basada en la autodisciplina y la libertad de

> *¿Cómo llegó el pensamiento dualista a influir la doctrina cristiana?*

las pasiones, un ideal conseguido en parte retirándose del mundo material y de sus preocupaciones físicas por respeto a intereses espirituales y ascéticos; mientras que los epicúreos aspiraban a la paz de la mente forjada en parte suprimiendo los deseos físicos intensos.[6]

Pero, ¿cómo llegó el pensamiento dualista a influir la doctrina cristiana? Este pensamiento llega a permear la doctrina cristiana principalmente a través de las enseñanzas de San Agustín de Hipona. Sobre este personaje del cristianismo del siglo IV, dice su biografía que residió en Cártago, donde estudió retórica y más tarde filosofía. Hasta los veintiocho años, San Agustín profesó el maniqueísmo, secta religiosa que considera que hay una eterna lucha entre dos principios opuestos e irreducibles: el bien y el mal, asociados a la luz y a las tinieblas respectivamente. Los maniqueos creen que el espíritu del ser humano es de Dios, pero que su cuerpo es del demonio. El espíritu está cautivo por causa de la materia corporal. Por lo tanto, es necesario practicar un estricto ascetismo para iniciar el proceso de liberación de la luz atrapada. Esta es la razón por la que los maniqueos desprecian la materia, incluso el cuerpo.

San Agustín adoptó esta visión dualista antropológica en su vida al renunciar a los placeres del cuerpo por considerar que eran un obstáculo para la salvación. En cuanto a la doctrina moral, impresa no solo en los escritos de sus obras, sino también indeleblemente en el dogma y las prácticas de la Iglesia Católica durante siglos, la abstinencia sexual era el estado ideal. Aunque Agustín tenía una visión positiva del estado matrimonial, abrazaba la norma estoica de que la sexualidad es solo para la procreación. También es claro que tenía una clara desconfianza hacia el placer, considerándolo una consecuencia del pecado original. Se puede decir que, para San Agustín, las relaciones sexuales debían ser estrictamente motivadas por un sentido de cumplimiento del mandamiento procreador, sirviendo además como una especie de remedio para la concupiscencia. Solo estos dos fines justificaban la intimidad sexual, determinando su función. Otro aspecto importante del pensamiento de Agustín era que no establecía relación entre amor y relación sexual.

> «Mis papás vienen de donde hablar de sexualidad era casi como hablar de algo diabólico, y hasta a mí me da vergüenza hablar de ciertas cosas. Bueno, lo que no se aprende en la casa se aprende en la calle, pero totalmente distorsionado. Entonces se va heredando ese tabú y, por lo tanto, no hay confianza ni comunicación clara».
>
> Comentario de un joven

En su pensamiento, se obtenía la liberación reprimiendo los instintos y renunciando a los placeres corporales, y se lograba la sabiduría y el conocimiento puro desentendiéndose del cuerpo y contemplando las cosas en sí mismas solo con el alma.

> *La visión dualista no establece relación entre amor y relación sexual*

La concepción de la sexualidad de acuerdo al judaísmo y a los orígenes del cristianismo

A pesar del arrastre de la concepción dualista del ser humano que se ha promovido por siglos, incluso después de la Reforma protestante, lo cierto es que esta concepción no corresponde al pensamiento judío expresado en el Antiguo Testamento ni al pensamiento de Jesús en los evangelios.

En el pensamiento judío el ser humano es una unidad íntegra, y todos somos creación e imagen de Dios. «Hombre y mujer los creó» dice el Génesis, por lo tanto, el ser humano es sexuado y su cuerpo no es objeto de represión. Es más, a través de distintos pasajes bíblicos se defiende el placer y el goce, y el disfrute de la vida es considerado como un don de Dios. Este es el caso del libro de Eclesiastés, en el

> *En el pensamiento judío el ser humano es una unidad íntegra*

que se afirman las bondades de la vida en el diario vivir, se invita a comer el pan y beber con alegría, a gozar del fruto del trabajo y a gozar con la persona a quien se ama (Eclesiastés 5.18-20).

De la misma forma, en el Cantar de los Cantares, se enaltece el amor erótico entre la sulamita y su amado. En este escrito se evidencia de forma implícita el anhelo de Dios de que la pareja fluya en la sexualidad, que se amen, se deseen, exploren las delicias del cuerpo del uno hacia el otro, y que se honren. En esta unión erótica hay una relación profunda, una complementariedad positiva, y una realización emocional de ambos en la pareja. Se dota al hombre y a la mujer de una capacidad inmensa y creativa para disfrutar del placer en un estrecho vínculo de amor, respeto y equidad (Cantares 4.1-12 y 5.9-16).

Yo dormía, pero mi corazón velaba.
¡Y oí una voz!
¡Mi amado estaba a la puerta!
«Hermana, amada mía;
preciosa paloma mía,
¡déjame entrar!

Mi cabeza está empapada de rocío;
la humedad de la noche corre por mi pelo.»
Ya me he quitado la ropa;
¡cómo volver a vestirme!
Ya me he lavado los pies;
¡cómo ensuciarlos de nuevo!
Mi amado pasó la mano
por la abertura del cerrojo;
¡se estremecieron mis entrañas al sentirlo!
Me levanté y le abrí a mi amado;
¡gotas de mirra corrían por mis manos!
¡Se deslizaban entre mis dedos
y caían sobre la aldaba!
Cantares 5.2-5 (NVI)

Por lo tanto, la perspectiva predominante del Antiguo Testamento en cuanto a la sexualidad implicaba el goce del sexo, aconsejaba la fecundidad y asumía que el matrimonio y la paternidad eran naturales. Un aspecto interesante es que se eximía a los varones recién casados del servicio militar durante un año, para que las parejas pudiesen disfrutar de la felicidad sexual como cónyuges.

> *No se establece una incompatibilidad entre el espíritu y el cuerpo, ni entre Dios y la sexualidad*

También se puede interpretar como una visión positiva hacia el sexo el hecho de que la viuda sin hijos podía ser fecundada por su cuñado, y el hijo resultante podía ser considerado como el descendiente del finado.

En el Nuevo Testamento, y en especial en el mensaje de Jesús, no se establece una incompatibilidad entre el espíritu y el cuerpo, ni entre Dios y la sexualidad. Es más, Jesús viene al mundo como ser humano sexuado, como hombre, con todas las implicaciones fisiológicas y psicológicas que eso conlleva.

Poco se habla en los evangelios sobre el sexo o la sexualidad. Entre los aspectos que quedan más claros en este sentido está la condena explícita de

Jesús del adulterio y el divorcio. Sin embargo, en ningún lugar estigmatiza los impulsos eróticos como contrarios a la espiritualidad. En su mensaje de amor, Jesús se ocupaba mayormente de las intenciones y móviles internos de las personas. Se puede inferir que Jesús castiga el sexo y el mundo material como obstáculos para la salvación eterna solo cuando asumen el papel de ídolos.

> *Jesús se ocupaba mayormente de las intenciones y móviles internos de las personas*

Podemos decir que a través de la Biblia no hay una concepción negativa de la sexualidad. Otro aspecto que se hace evidente al revisar las Escrituras, es que no se trata de un manual o tratado de sexualidad. Algunos detalles sobre este tema, para los que quisiéramos encontrar respuestas explícitas, simplemente no están contemplados. Así, por ejemplo, con el detalle de hasta dónde llegar con caricias y abrazos o qué debe permitirse en una relación de noviazgo comprometido. Más aun, a través de las Escrituras se perciben distintas vivencias en relación a la sexualidad. Algunas de ellas incluso se podrían considerar permisivas en relación a nuestros preceptos morales actuales, y otras, represivas.

Para aclarar esta idea, es necesario hacer hincapié en que la sexualidad es un aprendizaje social íntimamente relacionado con las costumbres, prácticas y tradiciones sociales antes que con un estándar monolítico e inamovible. Por ejemplo, tenemos pasajes en relación a la sexualidad no concordantes con la visión de nuestra época. Tal es el caso con la entrega de una sierva en manos del marido para que procree con ella, que es el caso de Abraham y Agar por petición de Sara (Génesis 16). También se citan numerosos

> *La sexualidad es un aprendizaje social íntimamente relacionado con las costumbres, prácticas y tradiciones sociales y no un estándar monolítico e inamovible*

casos de poligamia, como es el de Elcana, que se nos presenta casado con Penina y con Ana, la madre de Samuel (1 Samuel 1). Otro ejemplo son las prácticas sexuales de Jacob con las siervas de Raquel y Lea (Génesis 29 y 30). También en Génesis, capítulo 38, se da el caso de Judá, que cohabita con una mujer que se viste de prostituta y resulta ser su nuera. Por otro lado, se practica el concubinato múltiple y franco en la administración de David, en la de Saúl y en la de otros reyes. En nuestros tiempos, y en el tipo de sociedad en que vivimos, estas prácticas están fuera de la concepción ética y moral.

El plan de Dios para la sexualidad

El plan de Dios para la sexualidad humana es que vivamos de acuerdo a los principios y valores cristianos que nos guían en todos los aspectos de la vida

El plan de Dios para la sexualidad humana es que la vivamos de acuerdo a los principios y valores cristianos que nos guían en todos los aspectos de la vida. Como hemos visto, será fundamental aceptar el cuerpo y los placeres del cuerpo como creación y don divino, para disfrute del ser humano, dentro de su ordenamiento y de acuerdo a los preceptos morales y éticos de la comunidad en que vivimos.

La sexualidad de acuerdo al plan de Dios es aquella que se vive con responsabilidad y prudencia, orientada por el principio eterno de que Dios es amor.

Bajo este principio se hace necesario definir lo que verdaderamente es el amor según la visión de Dios:

El amor es paciente, es bondadoso. El amor no es envidioso ni jactancioso ni orgulloso. No se comporta con rudeza, no es egoísta, no se enoja fácilmente, no guarda rencor. El amor no se deleita en la maldad sino que se regocija con la verdad. Todo lo disculpa, todo lo cree, todo lo espera, todo lo soporta.

(1 Corintios 13.4-7, NVI)

Por lo tanto, la sexualidad orientada por el amor está marcada por estas características, reconoce al otro, y se refiere a un vínculo más que a una función puramente biológica. El fin último no es la copulación y el consiguiente placer momentáneo, sino que va más allá de lo puramente genital.

El amor expresado en la sexualidad no se impone ni trata de dominar, procura la libertad y la realización de la otra persona, y eleva su dignidad. De acuerdo a este concepto, el amor expresado en la sexualidad está fundamentado en el dominio propio, y es bondadoso en la medida en que busca la realización del otro al tenerle en alta consideración.

A través de una sexualidad así entendida se genera espacio para el respeto mutuo. Más que palabras románticas y caricias vacías que tienden a satisfacer las necesidades propias, aquí lo que está implícito es una voluntad de sacrificio en busca del bienestar del otro.

> *El fin último no es la copulación y el consiguiente placer momentáneo. La sexualidad va más allá de lo puramente genital*

Cuando se vive la sexualidad de esta forma, no hay imposiciones egoístas, se genera libertad para la expresión franca y sincera de los deseos y expectativas de ambos, y se da la oportunidad de tomar decisiones acertadas en función de estas expectativas y deseos. Este tipo de sexualidad permite que se desarrolle la confianza y el compañerismo en la relación, y contribuye a que ambos crezcan individualmente. El amor no roba la ilusión, sino que la fortalece. El amor no causa perjuicio o daño a la otra persona ni a sí mismo. El amor hace grande a los dos.

Bajo estas premisas, podríamos decir que, en una sexualidad de acuerdo al plan de Dios, las personas experimentan:

> *El amor procura la libertad y la realización de la otra persona, y eleva su dignidad*

➢ Amor
➢ Afecto
➢ Confianza, sensación de seguridad y compromiso
➢ Respeto por la vida. (Las personas piensan así: «No someto a otros, ni me someto a mí mismo a daños y perjuicios».)
➢ Ejercicio de la libertad con responsabilidad. (Se toman decisiones como la siguiente: «Me conozco y me domino, para actuar de acuerdo con mis convicciones».)

➢ Siendo la sexualidad algo tan importante, existe la conciencia de compartirla con alguien especial con quien exista una relación fuerte, a quien se le dé valor y respeto a su tiempo y necesidades.

> *El amor hace grande a los dos*

➢ El ejercicio pleno de la sexualidad se enmarca dentro de un proyecto de vida, por lo que es necesario un tiempo de preparación y deliberación para ello.

CAPÍTULO III

Sexualidad y culpa

¿Cómo me puede amar Dios después de que me he masturbado?

Del diario de una joven

O tra vez prometí no volverlo a hacer, se lo dije a Dios, le dije que no lo volve-
ría a hacer pero no pude ¿Cómo voy a ponerme a orar y llegar frente a Él?
¿A qué? ¿A pedirle perdón por lo mismo otra vez? Pero es que no puedo. De
pronto mi cuerpo siente cosas que yo quiero sentir. Me erotizo y lo que quiero es
satisfacer esto que mi cuerpo me pide. Me odio por esto, Dios debe estar harto de
mí, de mi debilidad, de mis deseos. Sé que no es normal. Soy una pervertida, solo
una pervertida siente estas ganas que yo siento.

❧

La culpa es un sentimiento desagradable en el que una persona se percibe a sí
misma como responsable de la violación de una ley o mandato que ha asimilado como válido e importante. El daño
a otro ser humano, a uno mismo o a
los intereses propios o ajenos, son
situaciones en las que se puede generar muchísima culpa. Ya que la culpa
está asociada con una ley, también se
asocia con un castigador o regulador
de esa ley.

*Algunas personas piensan que
las eventualidades de la vida
son el castigo por las conductas
humanas indebidas*

Algunas personas piensan que las eventualidades de la vida son el castigo por las conductas humanas indebidas. Así, las enfermedades de transmisión sexual, el vacío existencial ante una vida de desenfreno, o el rechazo social ante una conducta sexualmente desordenada, son las consecuencias «merecidas» por las personas que han tomado decisiones incorrectas. No obstante, este criterio resulta engañoso. Las enfermedades de transmisión sexual afectan igualmente —y en algunos casos con mayor furia— a personas en condición de vulnerabilidad que no han incurrido en conductas inapropiadas. Por ejemplo, los niños que se infectan de VIH en poblaciones en que hay una gran incidencia de infección, o bien las amas de casa infectadas de este tipo de enfermedades por sus esposos infieles. En términos generales, este argumento se contrapone con las múltiples evidencias de que «la vida no es justa».

Por otro lado, es imposible generalizar que una conducta acorde a ciertas leyes sea «inmune» a las posibilidades de sufrimiento o de infortunio, así como es imposible afirmar que una vida de «pecado» desembocará en la ruina evidente, al menos en lo que se refiere al ámbito físico. Ahora bien, aunque es imposible generalizar, la culpa muchas veces acompaña a la conciencia de transgresión. Muchas personas experimentan culpa por el fuerte temor de que su proyecto de vida no se realice debido a los actos dañinos, negligentes o destructivos en los que han incurrido.

> «La Biblia menciona muy claramente que la relación sexual va dentro de un matrimonio. Es un acuerdo de amor entre dos personas, que se comprometen, no ante un sacerdote o un pastor u otra persona, sino que es algo que se hace ante Dios».
>
> Comentario de un joven

Es frecuente que se piense que una sexualidad desordenada es la causa de las enfermedades de transmisión sexual, hogares monoparentales y conflictos existenciales de hombres y mujeres promiscuos. Pensar así es correcto si existe una percepción sana sobre esta correlación, es decir, que las decisiones erróneas que se tomen en torno a las prácticas sexuales podrían generar consecuencias a nivel físico, emocional, espiritual y hasta social. Sin embargo, cuando estas posibles consecuencias se perciben como castigos divinos en retribución a un «mal comportamiento», se propicia una distorsión de Dios y, por ende, de la persona misma en relación con Él.

Muchos de nuestros jóvenes están de acuerdo con lo que establece la Biblia en cuanto a la sexualidad, por lo que procuran actuar de acuerdo a las reglas establecidas. Los programas sobre sexualidad dirigidos a adolescentes, los cuales se imparten en iglesias y comunidades, usualmente proporcionan conocimientos elaborados sobre los principios bíblicos referidos a las relaciones sexuales. Lo usual es que se tenga claridad en que la base bíblica estipula que las relaciones sexuales genitales deben reservarse para el matrimonio. Toda relación sexual fuera del matrimonio es «ilícita». Esta concepción es correcta, sin embargo, cuando se establece una relación de causa y efecto entre las prácticas sexuales que se pueden catalogar dentro de lo ilícito y un castigo divino inminente por razón de estas prácticas, los sentimientos de culpa que se generan tienden a ser más bien destructivos.

Cuando los ideales y mandamientos se han aprendido en la iglesia, es frecuente que algunas personas interpreten los sentimientos de culpa como imprescindibles y necesarios para sobrevivir, debido a que motivan el cambio de conducta. Al conversar de este tema con los jóvenes, se percibe una preocupación «pecaminosa» con respecto a sus conductas sexuales pasadas o aun presentes. Esta preocupación en ocasiones se convierte en un constante tormento, exacerbándose también el tema de la «tentación». Una joven, por ejemplo, la define como la atracción sexual hacia una persona del sexo opuesto y el deseo de tocarse para satisfacer sus deseos eróticos. Para ella, la culpa parece jugar un papel muy importante como mecanismo para generar disgusto hacia conductas y prácticas «pecaminosas», y hacia las tentaciones que para ella se presentan en la atracción y en la búsqueda de satisfacción. Este tipo de percepción podría incidir en una dificultad para las relaciones interpersonales con el sexo opuesto, así como para el desarrollo y disfrute de la sexualidad aparte de la genitalidad.

La culpa es valiosa, a menos que sea una manera obsesiva para expiar los errores. Esto se da mucho cuando los sentimientos de culpabilidad nacen del perfeccionismo: de la obediencia a ultranza ante un Dios castigador. La joven con la que conversamos sobre el tema, ubica el sexo dentro del extremo negativo de la conducta humana: lo describe como vacío y comercial. Por otro lado, define la sexualidad como equivalente a satisfacción y disfrute, ya que la concibe como integral con los mandamientos espirituales. También atribuye los posibles conflictos entre sexualidad y fe a la inmadurez de las personas. Sin embargo, achaca sus propios conflictos a los sentimientos de soledad y a sus «malas costumbres», las cuales no le permiten alcanzar su anhelo de santidad.

La dicotomía que existe en una espiritualidad que separa el alma y el cuerpo —dado que las relaciones sexuales son a la vez deseadas y desdeñadas— prepara la escena para un juego individual de seducción y odio en la psicología humana más íntima, especialmente cuando las personas se resisten a hablar sobre el tema, o no cuentan con espacios para hacerlo. Lo anterior, unido a la influencia de personas que esgrimen una filosofía del «repudio a lo corporal» por ensalzar «lo espiritual», se canaliza, psicológicamente, por medio de una culpa estéril. Es una culpa incapaz de motivar al cambio de conducta, a la vez que perjudica la salud emocional, física y social de las personas.

> *La culpa es valiosa, a menos que sea una manera obsesiva para expiar los errores*

La culpa, la autocondena y la poca libertad para expresarse sobre la sexualidad se convierten, paradójicamente, en crueles amortiguadores ante la tensión entre «lo que se desea hacer» y los «ideales espirituales del individuo». El malestar es interpretado como castigo, el cual a su vez es contrarrestado por el deseo sexual. Y este finalmente motiva al individuo a incurrir, de nuevo, en la conducta que rechaza. Así, irónicamente, estos sentimientos no solucionan el problema, al contrario, lo perpetúan, especialmente en casos en los que la ansiedad lleva a las personas a la compulsión conductual —en algunos casos sexual— como un desahogo.

Lo anterior es evidente al hablar sobre sexualidad con jóvenes que procuran guiar su vida por los principios bíblicos. Entre ellos es usual que surjan temas sobre las conductas sexuales compulsivas. Las conductas descontroladas de «escape» ante la depresión y la ansiedad son, comúnmente, autodestructivas y a la vez intensamente placenteras. De aquí que una persona deprimida pueda experimentar la tentación a «adormecerse» buscando el placer de alguna sustancia, algún estímulo o algún distractor. Un

> *La culpa estéril es incapaz de motivar al cambio de conducta, y perjudica la salud emocional, física y social de las personas*

«analgésico» común, en estos casos, puede ser la estimulación sexual desordenada, compulsiva y promiscua.

Ahora bien, es necesario admitir que el conflicto ante la ansiedad no siempre se manifiesta en un ciclo de conductas compulsivas. Las relaciones sexuales fuera del matrimonio responden también al impulso fisiológico y hormonal esperable entre dos adultos que se atraen. Sin embargo, cuando una persona está convencida de que el contexto apropiado para las relaciones sexuales es el matrimonio y, aun así, se involucra en encuentros sexuales fuera del mismo, tiene la tendencia a experimentar fuertes sentimientos de culpa y conflicto.

> *Las conductas descontroladas de «escape» ante la depresión y la ansiedad son, comúnmente, autodestructivas e intensamente placenteras*

Algunas de las razones por las que una persona puede permanecer en una situación como la anterior incluyen la búsqueda de satisfacer necesidades afectivas esenciales así como la carencia de valoración y aceptación. Esto se da porque muchas personas no encuentran el sustento de estas necesidades en sus propias familias y seres queridos, intentando llenarlas entonces con relaciones íntimas. Una joven comentó una vez que, «el sexo no era tan bueno, pero yo quería dormir abrazada».

Esta forma de pensar lleva a la gente a vivir una disociación entre la propia fe y los comportamientos más privados. Existen conductas especialmente problemáticas, como lo sería el sexo casual o la vida sexual «secreta» de parejas no casadas. Aunque todas estas personas participen en comunidades de fe que prediquen la postergación hasta el matrimonio, los comportamientos privados son tan difíciles de tratar que se vuelven cada vez más secretos, más amenazantes y más incontrolables. Ignoran cómo lidiar con integridad con las circunstancias sexuales de sus vidas y acaban trastabillando con desahogos esporádicos y muchísima culpa.

> *Los jóvenes acaban trastabillando con desahogos esporádicos y muchísima culpa*

CAPÍTULO IV

Autoestima y sexualidad

¿Me querrá alguna vez alguien simplemente por lo que soy?

Del diario de una joven

A yer pasó lo que me había propuesto que no pasara. Terminé acostándome después de tan solo dos salidas. Pero, si no lo hubiera hecho, tal vez ya no me habría invitado a salir más. No quiero perderlo, nunca había salido con alguien como él. Además, quería que me abrazara, que me quisiera, que me dijera cosas lindas. Espero que me vuelva a llamar.

❧

¿Me querrá alguna vez alguien simplemente por lo que soy? Esta es una pregunta que los jóvenes se hacen frecuentemente y está muy ligada al concepto que uno tenga de sí mismo, de cómo uno se percibe, y de cómo cree uno que le perciben los demás. Cuando la persona está satisfecha con su autoimagen, tiene mayores probabilidades de vivir su sexualidad de forma sana e integral.

A partir de las opiniones que dan los jóvenes a los que se les consultó, se puede concluir que uno de los temas de mayor interés para ellos es el de la autoestima. Hemos aprendido que, a pesar de sus diversos logros, la persona con problemas de autoestima es

> *Cuando la persona está satisfecha con su autoimagen tiene mayores probabilidades de vivir su sexualidad de forma sana e integral*

proclive a conductas autodestructivas y a conflictos interpersonales. Al no percibirse correctamente, es difícil desarrollar aceptación personal y un sano amor propio. Esto influye para que se exacerbe la influencia que la opinión de otros tiene sobre la propia persona de uno, por lo que en muchos casos existe el peligro de que, en busca de aceptación, se ceda a la presión de grupo y se caiga en conductas, hábitos o prác-

> *La aceptación personal y un sano amor propio son indispensables para una sana autoimagen*

ticas que podrían poner en riesgo la propia integridad y el proyecto de vida establecido. Así las cosas, uno de los peligros que enfrentan los jóvenes con una baja autoestima es tratar de buscar que otros sean quienes les otorguen ese valor que no pueden encontrar en sí mismos. De esta manera, se pueden dejar de lado convicciones, creencias, valores y principios por tratar de lograr ese reconocimiento.

> «Hay mucha gente que no se conoce y, por ende, tampoco se valora, porque además deja que su valor lo definan otros por ellos: sus papás, sus amigos, sus compañeros, aun los líderes de la iglesia».
>
> Comentario
> de un líder de jóvenes

Hay una gran diversidad de razones por las que una persona podría no tener un sano amor propio. En casos extremos, he escuchado el caso de muchos muchachos y muchachas que han crecido con cierto tipo de rechazos, incluso de su propia familia. Algunos de esos rechazos se podrían derivar de la apariencia, de las dificultades físicas o intelectuales, o bien porque no tuvieron la aceptación y el cariño necesarios para desarrollar una sana percepción de sí mismos.

Una persona que no se considera digna de afecto puede incurrir en autosabotajes ante el temor y la ansiedad que le generen las posibilidades de intimidad emocional y, por supuesto, ante las posibilidades de intimidad física.

Los jóvenes que anhelan una pareja, posiblemente experimenten fuertes sentimientos de frustración cuando sus relaciones sentimentales no resulten.

Algunas personas utilizan sus convicciones religiosas de forma inmadura, casi como una excusa que les permite manipular de forma evasiva

> *Todo ser humano ha sido creado con sentido y propósito*

temas como el temor a la intimidad o a los sentimientos, expresando a menudo la sensación de no merecer una vida sentimental satisfactoria. Esto va en contraposición al tratamiento apropiado de los principios espirituales en la toma de decisiones. Los principios espirituales son valores fundamentales para una vivencia integral del proyecto de vida. Aun en casos extremos de baja autoestima, por las razones que sea, es posible desarrollar amor propio a partir del reconocimiento de que todo ser humano ha sido creado con sentido y propósito y, por lo tanto, decide hacer todo lo que sea necesario para sanar las heridas y restaurar la imagen propia. Es posible que, a nivel de sentimientos y emociones, parezca algo difícil de alcanzar. Sin embargo, será la decisión racional, y el subsiguiente proceso de construcción de ese amor a nosotros mismos, lo que en última instancia hará posible alcanzar un estado emocional equilibrado en el que nos percibamos como lo que verdaderamente somos: imagen y semejanza de Dios.

> *La madurez permite un encuentro genuino con Dios, consigo mismo y con las otras personas*

Desde este punto de vista, es importante que el lector tenga la convicción de que las relaciones interpersonales y la sexualidad vivida de acuerdo con la perspectiva bíblica, implican también la orientación hacia una maduración integral de la personalidad. Y que es esa clase de maduración lo que le permitirá tener un encuentro genuino con Dios, consigo mismo y con los demás.

> «La idea de andar buscando en otros confirmación de quiénes somos es muy desgastante y triste. Esa no es la vida abundante a la que Dios nos ha llamado».
>
> Comentario de un líder de jóvenes

> *Amarse a sí mismo significa tener una alta autoestima*

Es vital aprender a amarse a uno mismo. De esto depende que las relaciones que se establezcan con los demás sean saludables. Para ello es necesario saber claramente a qué nos referimos con amarnos a nosotros mismos, es decir, tener una alta autoestima.

Podríamos definir la autoestima como la percepción valorativa y confiable de uno mismo, que motiva a la persona para conducirse apropiadamente, manifestarse con autonomía y proyectarse satisfactoriamente ante la vida.

En la actualidad, el énfasis cultural en la estimulación de los sentidos ha desviado la atención de las personas: olvidamos la importancia de una búsqueda existencial del sentido propio de la vida. Las familias se desarrollan con una visión borrosa de sus prioridades, y las nuevas generaciones se distraen fácilmente con placeres superficiales, que los apartan de las preguntas trascendentales que se ha planteado desde siempre el ser humano.

Al carecer de un propósito mayor y más profundo, la cultura quiere proponer el egocentrismo y la autocomplacencia como eje central para la vida.

Sin embargo, esta búsqueda de gratificaciones momentáneas e irreflexivas se convierte, para muchas personas, en la puerta de entrada a conductas autodestructivas, como el abuso de sustancias, la sexualidad desordenada o los trastornos del estado

> *La cultura quiere proponer el egocentrismo y el deseo de autocomplacencia como eje central para la vida*

de ánimo. Estos patrones de comportamiento cobran la factura en la vida emocional de hombres y mujeres, y en sus proyectos vitales a mediano y largo plazo, resultando en sentimientos de culpa o en consecuencias negativas e inesperadas.

Una persona que tiene una percepción negativa de sí misma, aun cuando alcance diversas metas, renunciará a la felicidad con sus conductas autodestructivas. Por medio de la falta de perseverancia o el descuido, esas conductas destructivas acarrean además relaciones conflictivas o situaciones repetitivas de fracaso en los proyectos que se emprenden. Esto sucede porque, cuando se tiene una autoestima quebrantada, es posible llegar a creer que uno no es digno de ser feliz y, por tanto, la misma persona inconscientemente «no se da permiso» para serlo.

La autoestima se alimenta de dos fuentes distintas: una, la externa, que corresponde a la estima que se construye a partir de la retroalimentación del ambiente, es decir, la opinión que tienen otras personas y lo que yo percibo de esa opinión. La otra fuente es la interna, que se refiere a considerarnos aptos para enfrentarnos con nuestro entorno.

Actitudes internas
para la autoestima

1. **Autoimagen**: Capacidad de reconocer con realismo, aceptación y aprecio la imagen personal de uno mismo: «Me veo con claridad».
2. **Autovaloración**: Convicción verdadera del propio valor de uno como persona: «Sé que soy valioso(a)».
3. **Autoconfianza**: Creencia en la capacidad propia para enfrentar situaciones y desafíos: «Creo que puedo».

Componentes externos
y observables de la autoestima

1. **Autocontrol**: Administración ordenada e inteligente de la vida propia: «Me cuido».
2. **Autoafirmación**: Manifestación libre de las propias opiniones y forma de ser: «Me expreso».
3. **Autorrealización**: A través de metas que hacen sentir que se realiza: «Desarrollo mis metas y cumplo con mis propósitos».

«Lo que ahora enfoca la televisión, los anuncios y demás, son imágenes de, por ejemplo, un hombre guapo que no se atrevería a andar con una mujer que no fuera esbelta. ¡Todo eso influye! Al fin y al cabo daña, y daña mucho».

Comentario de una joven

«El concepto que se le da al hombre de la mujer 90-60-90, que para ser atractiva tiene que ser la más delgada, todas esas cosas influyen yo creo que para mal. Y lo influyen a uno, a mí me gustaría ser 90-60-90».

Comentario de una joven

Una persona con una sana autoestima, que madura tanto en los componentes internos como en los elementos conductuales, puede cimentarse y crecer en los preceptos de los seis pilares de la autoestima, como lo plantea Nathaniel Branden.[1]

Los seis pilares de la autoestima

1. **Vivir conscientemente**: Ser consciente de las propias acciones, propósitos, valores y metas. Comportarse de acuerdo con los desafíos de cada día y con lo que se sabe y se puede lidiar.
2. **Responsabilidad**: Reconocimiento de que nadie más que uno mismo puede asumir la responsabilidad primaria por la propia existencia. Experimentar una sensación de control sobre la propia vida.
3. **Integridad**: Congruencia entre el propio comportamiento y las creencias más importantes de la persona, lo que le permitirá conducirse en una forma auténtica.
4. **Aceptación propia**: Tomar conciencia y afirmar, ante uno mismo, la validez de los propios pensamientos, sentimientos y conductas.
5. **Autoafirmación**: Expresión confiada y asertiva de pensamientos, sentimientos, deseos y conductas de la persona ante los demás.
6. **Vivir con propósito**: Prácticas específicas que promuevan una auténtica autorrealización. Elegir metas que le den sentido a la vida personal, mediante planes de acción concretos.

Tener una autoestima saludable es una fuerza motivadora que inspira comportamientos seguros y orientados hacia el desarrollo personal, hacia relaciones personales más sanas y cálidas, y hacia la búsqueda de acciones que den significado a la vida propia y que contribuyan con la comunidad. Es por esta razón que las personas con una alta autoestima toman decisiones acertadas.

CAPÍTULO V

El deseo erótico y la necesidad de afecto

En la sociedad actual, todo parece indicar que un elemento esencial de las relaciones románticas es el erotismo. ¿Debería siempre acabar en la cama?

Del diario de una joven

En realidad, no me acosté por el hecho de sentir placer. En el fondo, no quería estar sola; necesitaba que alguien me abrazara me quisiera.

La historia de Sofía

Soy una joven de veintidós años y vivo con mis padres. Hace un año conocí a un muchacho de mi iglesia. Tiene veinte años y llegamos a ser muy buenos amigos en los primeros meses. Él fue quien se me acercó buscando amistad. Lo que compartíamos era muy bueno. Me presentó a toda su familia, salíamos y hacíamos casi todo juntos, por lo que empecé a quererlo mucho. Los dos comenzamos a sentir algo más que amistad. Hasta ese momento nunca había tenido novio; en realidad, nunca había besado a nadie ni en la mejilla. Él comenzaba a ser muy cariñoso conmigo. Me tomaba la mano, me besaba en la mejilla. Muchos trataron de advertirme que no me convenía y por un momento traté de alejarme. Sin embargo, decidí darle una oportunidad.

Él me dio el primer beso después de cuatro meses de habernos conocido. Sin embargo, no me pidió que fuera su novia. Me enamoré perdidamente, y él lo sabía. Comenzaron a pasar más cosas que solo besos. Empezó a tocarme. Al principio yo no lo permitía, pero poco a poco fui cediendo. Le pedía que, por favor, dejara de hacerlo, porque estaba mal. Orábamos pidiendo perdón, pero luego era inevitable que sucediera de nuevo, porque yo también lo disfrutaba. Así fueron pasando los días hasta que en dos oportunidades, a solas, me tomó en sus brazos y me acostó junto a él. La primera vez no dejé que llegara lejos, la segunda no pude evitar la pasión y lo dejé recorrer mi cuerpo. Trató de sacarme la ropa pero no lo dejé. Estaba muy asustada; sin embargo, en lo más profundo de mi corazón, le estaba gritando con eso que lo amaba. Cada vez que pasaba lo mismo yo le preguntaba por qué lo hacía, y él me respondía que me quería mucho. Con esa respuesta me quedaba feliz.

Al tiempo se alejó. Conoció una amiga en su facultad y le empezó a gustar. Comenzó a cambiar mucho conmigo. No le reclamaba nada, pero poco a poco sentía que se me iba, y junto con él mi vida. Decidí alejarme de él, lo hice por dos meses; los peores de mi existencia. De tanto dolor, quise cortarme las venas para dejar de sentir. En ese tiempo me di cuenta de que para él yo había sido solo una amiga, la hermana que nunca tuvo, una consejera, o bien, alguien con quien podía satisfacer su deseo sexual. Nunca fui la mujer que él quería a su lado para amar y respetar. Hoy sé que por la misericordia de Dios estoy viva. Pero siento tanto dolor me siento humillada al saber que le di todo lo mejor que guardaba a alguien que no le importó.

Busco a Dios con todo mi corazón, hoy más que nunca, porque sé que nada ni nadie puede ayudarme más que Él. Pero todavía me siento tan lastimada y lo peor de todo es que lo sigo queriendo. Estoy muy sensible, por cualquier cosa me irrito, grito y lloro, y constantemente estoy de mal humor. Siento tanta amargura y tristeza; tanta vergüenza. No sé cómo comportarme cuando lo veo en la iglesia. A veces hago como que no lo veo y otras lo saludo. Para él todo parece ser muy natural. Me ha preguntado que por qué ya no soy atenta con él, y yo le respondo que le perdí la confianza.

Hay momentos en los que la culpabilidad me invade, y creo que todo fue mi culpa por permitirle llegar tan lejos. Hay momentos en los que quisiera tenerlo frente a mí y descargar mi ira. En otras ocasiones tengo una gran necesidad de sentirme amada. Me siento sola, a pesar de tener a mucha gente a mi alrededor que me ama y quieren verme feliz. Aun así me invade cierta tristeza. Creo que es la necesidad de tener a alguien a mi lado, no a mis padres, no a mis amigos, no a mis hermanos, sino a ese alguien especial que me cuide, me proteja y me quiera. Estoy muy confundida.

Sin embargo, sé que Dios ha hecho mucho en mi vida, porque estoy volviendo a soñar, volviendo a querer empezar, a tener metas y esperanzas. Es curioso que nunca haya tenido novio pero que, aun así, haya sido muy lastimada por chicos que jugaron con mis sentimientos. Quiero tomar todo esto como una lección, para cambiar de actitud. Ahora entiendo que debo ser fuerte y sostener firme mis decisiones.

A veces me pregunto, ¿cómo es encontrar a Dios dentro de mí? Y, ¿cómo debo encontrarme a mí misma? Quisiera seguir amando con intensidad y confiar en los demás. Siempre me he entregado a mis amigos, pero siento que de una u otra forma me han lastimado, y ahora tengo miedo de hacerlo de nuevo. Ya no quiero darlo todo de frente. Quisiera ser más fría, pero lo cierto es que esto sería contrario a mi naturaleza cálida. Ya no sé ni cómo actuar.

Así, también sé que en ocasiones pierdo el norte. Incluso traté de empezar una relación con otro muchacho, pero al final me di cuenta que solo lo hacía para darle celos a quien rompió mi corazón.

✧

El deseo erótico y la necesidad de afecto son parte de la naturaleza humana. Son dos cosas distintas, pero que se entrelazan, cuando nos relacionamos con personas del sexo opuesto que de alguna manera nos resultan atractivas. Es posible llegar a confundir las dos cosas. El deseo erótico pertenece al ámbito de lo biológico y tiene que ver con el apetito sexual. Es la urgencia de experimentar sensaciones físicas placenteras al momento de tocar, besar, acariciar, copular, etc. La necesidad de afecto tiene que ver con la psicología humana. El humano es un ser social y, por lo tanto, con necesidades relacionales.

> *Las relaciones románticas que ponen lo genital como eje de la relación, tienden a desarrollarse de una forma superficial y egoísta*

Entre esas necesidades está el afecto, esa cercanía y calidez con otro. Ahora bien, cuando hay atracción física entre un hombre y una mujer, de establecerse una relación, usualmente se busca satisfacer la necesidad de afecto inherente a nuestra naturaleza, a la vez que se experimenta un deseo erótico por la otra persona. Como ya vimos, tales deseos son absolutamente naturales, sin embargo pueden y deben ser controlados.

Uno de los problemas que surge es que en lugar de llenar nuestras necesidades afectivas colaborando con el otro en una relación basada en el respeto, la consideración, la cooperación y la empatía, se recurre más bien a la satisfacción del deseo erótico para cerrar la brecha con la otra persona y tratar de alcanzar una cercanía psicoemocional. De esta forma, se antepone y se le da mayor énfasis al ámbito físico. El desarrollo de vínculos basados en el conocimiento mutuo y en valores como el respeto, la solidaridad y la empatía, queda relegado en aras del deseo erótico, ya que la satisfacción de este deseo permite experimentar sensaciones intensas e inmediatas que desvían, empañan, desvirtúan e, incluso, obstaculizan el proceso mediante el cual una pareja puede llegar a construir una verdadera relación de cercanía psicoemocional que satisfaga las necesidades de afecto de ambos.

> «Tuve una relación extremadamente absorbente y emocional. Ni la fe, ni nada, era suficiente. No pensaba en nada más que en complacerlo a él».
>
> Comentario de una joven

Hoy se percibe que, para un gran número de jóvenes, el contacto íntimo o las relaciones sexuales son indispensables en una relación. Así lo enseña una sociedad que cada vez más enfatiza la satisfacción inmediata y superficial de las necesidades emocionales más profundas. A través de este contacto físico se busca la cercanía, el cariño y ese compartir, esa compañía que tanto

> *El desarrollo de vínculos basados en el conocimiento mutuo y valores queda relegado en aras del deseo erótico*

ansía el ser humano. Sin embargo, de forma paradójica, las relaciones románticas que ponen lo genital como eje de la relación, tienden a desarrollarse de una forma superficial y egoísta, imposibilitando que ambos miembros de la pareja disfruten de una verdadera plenitud al lado del otro. Dicho lo anterior, es necesario aprender a distinguir el deseo erótico —que puede ser controlado y educado—, de la necesidad de afecto, o bien de la necesidad de establecer una relación de amor mutuo. Una de las razones fundamentales para que eso suceda es que no hemos tenido una buena educación en cuanto a lo que realmente significa amar y ser amado. Es decir, no hemos sido educados para amar. Y me refiero a amar en la forma correcta. Porque solo hay una forma de amar, lo demás son copias distorsionadas del amor.

> *Es usual que los jóvenes, al involucrarse genitalmente con su pareja, dejen de lado, o bien descuiden, otros aspectos esenciales de la relación*

Ahora bien, hay relaciones de amor que las tenemos muy claras, ya que sus expresiones se desarrollan a partir de patrones y dinámicas muy definidas social y culturalmente. Por ejemplo, el amor a los padres, hermanos y hermanas. Estas relaciones, de alguna forma, pertenecen a una dimensión en la que, de estar fundamentadas en dinámicas sanas, no representan conflicto en cuanto a las expresiones afectivas y modos de relacionarse. Eso permite que amar plenamente no genere temores ni ansiedades.

Sin embargo, debido al énfasis que actualmente se le da a la intimidad sexual dentro de las relaciones de pareja, es usual que los jóvenes, al involucrarse genitalmente, dejen de lado, o bien descuiden, otros aspectos esenciales de la relación para el buen desarrollo individual y común. Por el contrario, y debido al temor de involucrarse sexualmente, algunos conducen sus relaciones con un permanente temor de «no caer» en la erotización de la relación.

«De la forma que yo lo veo, la sociedad tiene dos contrastes. Por un lado están los que ven la sexualidad como un tabú, y lo ponen como algo malo que se debe esconder. Pero por otro lado están quienes se van al otro extremo y ven la sexualidad como algo sin importancia».

Comentario de un joven

Considero que los jóvenes se ven asediados desde los medios de comunicación, la industria del entretenimiento y la publicidad comercial, entre otras influencias, por un mensaje reiterativo que les dice que no hay amor romántico sin erotización. Las películas de Hollywood, la letra de las canciones de todos los géneros, los comerciales de televisión, etc., permanentemente

> *No hemos sido educados para amar*

nos dicen que el amor encuentra su plenitud solo en la erotización; que el clímax de la relación solo es posible en la cama. Sin embargo, esta concepción, además de errónea, va en detrimento del bienestar de las parejas. La copulación en este tipo de relaciones, por estar fuera del ámbito del compromiso del matrimonio, tiende a obstaculizar el proceso de acercamiento a nivel psicoemocional, profundiza los temores y ansiedades en ambos miembros de la pareja, y pone en riesgo la salud física, emocional y espiritual, y por lo tanto, su bienestar integral.

Una de las formas de disipar la fuerte presión que reciben los jóvenes desde su entorno en cuanto a llevar las relaciones románticas a la erotización y

> *Fomentar y disfrutar variadas relaciones de amistad*

posible encuentro íntimo, es fomentar y disfrutar variadas relaciones de amistad y camaradería con otras personas, ya sean del sexo opuesto o no. Dichas variadas relaciones, aunadas a la relación romántica, si es que se tiene alguna, vendrían a ayudar a satisfacer las necesidades de afecto inherentes al ser humano. De esta forma, es menos probable que busquemos erróneamente llenar estas necesidades por medio del erotismo con nuestra pareja o posible pareja.

La necesidad de amar y ser amado o amada puede ser parcialmente satisfecha con amistades sólidas y duraderas, que nos acompañen por el camino de la vida. Cuando carecemos de relaciones de amistad caracterizadas por el afecto, la confianza, la tolerancia y la comprensión, es probable que volquemos todas esas necesidades en la persona en la que estamos interesados de forma romántica, o bien quien ya es

> *La necesidad de amar y ser amado o amada puede ser parcialmente satisfecha con amistades sólidas y duraderas*

nuestra pareja sentimental. Esto a veces propicia ansiedad y deseos de lograr una gran cercanía con el otro, y de profundizar la relación y llevarla a niveles más íntimos.

Podríamos decir que las circunstancias antes descritas son propicias para que se dé la confusión entre la necesidad de afecto y el deseo erótico. Es usual también que surjan sentimientos de temor por perder a la persona en la que hemos invertido nuestro interés, dedicándole la mayor parte de nuestro tiempo y esfuerzo. Este temor puede también exacerbarse debido al miedo de perder la fuente principal de la que nos estamos nutriendo para llenar nuestra necesidad de afecto fuera del ámbito familiar.

Por lo tanto, la posible confusión entre necesidad de afecto y deseo erótico a partir de la necesidad de establecer una cercanía con el otro, aunada al temor de perder esa persona en quien hemos depositado nuestro afecto y esperanza, son factores que podrían impulsarnos, erróneamente, a tener relaciones sexuales fuera del contexto del matrimonio.

> *Procuren establecer relaciones de amistad perdurables y saludables.*

La incidencia de la amistad en la satisfacción de necesidades afectivas

Es importante que los jóvenes procuren establecer relaciones de amistad perdurables y saludables. Decía William Shakespeare: *Guarda a tu amigo bajo la llave de tu propia vida*. En realidad, les puedo decir con toda certeza que los amigos verdaderos añaden a nuestra vida contentamiento, compañía y, sobre todo, amor incondicional. Sin embargo, la amistad es algo que hay que buscar, procurar y sostener en el tiempo. Es por esta razón que quisiera extenderme un poco en este tema.

A pesar de la ligereza con que a veces utilizamos la palabra amistad, lo cierto es que esta es una de las relaciones personales más complejas que existen. Entre las principales razones de esta complejidad están su carácter multilateral, y el que no posee un compromiso contractual o filiación permanente.

> *La amistad es una de las relaciones personales más complejas que existen*

Decimos que es multilateral porque simultáneamente podemos mantener varias, e incluso muchas, relaciones de amistad. Decimos que carece de compromiso contractual porque, a diferencia de otras relaciones, como lo es el matrimonio, no existen reglas ni compromisos expresos preconcebidos. Tampoco existe filiación permanente, como en el caso de los familiares, porque el vínculo se puede disolver en cualquier momento por una o ambas partes.

Así, la amistad se expresa como una relación interpersonal completamente libre y, en cierta manera, experimental. Se establece y mantiene por mutuo acuerdo, sin declaración expresa, y básicamente son el paso del tiempo, las vivencias compartidas y las circunstancias, las que la van construyendo. De ahí su complejidad.

Es frecuente que llamemos amigos a casi cualquier persona que conocemos. Sin embargo, amigo o amiga es aquella persona con la que hemos desarrollado un vínculo de cercanía, confianza y aprecio.

> *Usualmente la amistad se establece de una forma más bien casual y espontánea, sin mucha reflexión*

Una de las características más singulares de la amistad es que, usualmente, se establece de una forma más bien casual y espontánea, sin mucha reflexión. Y es precisamente esta característica la que debemos explotar cuando queremos hacer nuevos amigos. La Biblia nos enseña que si deseamos tener amigos, debemos mostrarnos amigos primero.

Ya que al iniciar una amistad no hay ningún compromiso inmediato implícito, tenemos la libertad de experimentar y explorar las posibilidades que se presentan a nuestro alrededor. No hay límites cuando queremos hacer amigos. De esta manera, algunos de los puntos en común que pueden propiciar una amistad son los gustos, los pasatiempos, las opiniones, las ideas políticas, el trabajo, la profesión, la fe en Dios y cosas por el estilo.

Mi recomendación es que los jóvenes interactúen con el mayor número de personas y promuevan espacios para conocerles: su historia y ocupaciones, el concepto que tienen de la vida, sus prioridades y las convicciones y proyecto vital. La clave en este proceso es interesarse verdaderamente por los demás. Poco a poco, de forma muy natural y casi sin darse cuenta, empezarán a «seleccionar» a aquellas per-

> *Interaccionen con el mayor número de personas y promuevan espacios para conocerles*

sonas con las que se sienten más a gusto. Erasmo de Rotterdam, humanista neerlandés del siglo XVI, decía: *La verdadera amistad llega cuando el silencio entre dos parece ameno.* Esta es una muy buena pauta para entender cuándo una relación se ha profundizado tanto como para llamarle amistad.

Ralph Waldo Emerson, en su frase, *la única manera de poseer un amigo es serlo*, resume en definitiva lo que se necesita para conservar a nuestros amigos. Pero, ¿cómo ser amigo? Existen valores esenciales que debemos ejercitar si queremos nutrir y desarrollar la amistad y, en general, cualquier otra relación interpersonal. Entre estos factores está el respeto, la consideración, la empatía, la tolerancia y la sinceridad. El otro ingrediente clave para llegar a ser amigo es ser incondicional. Ello significa que, sin importar las circunstancias, y sin esperar nada a cambio, estaremos junto al amigo o la amiga acompañándole desinteresadamente con una actitud de servicio colmada de afecto.

> *Definitivamente, tener amigos agrega valor a nuestra existencia*

Así como sucede con la mayoría de las relaciones interpersonales, ser amigo o amiga no es fácil, pero vale la pena el esfuerzo. Definitivamente, tener amigos agrega valor a nuestra existencia. De ellos aprendemos acerca de nosotros mismos. Con ellos compartimos tanto los momentos más importantes de nuestra vida como también una caminata sin rumbo fijo, y tanto la más superficial de las charlas como las meditaciones más profundas. Es por eso que la amistad hay que alimentarla, hay que cultivarla y hay que protegerla. El escritor italiano Alberto Moravia decía: *La amistad es más difícil y más rara que el amor. Por eso, hay que salvarla como sea.* Cuando el caminar por la vida pone a prueba la generosidad, la lealtad, el agradecimiento y la confianza, procuremos salir airosos y

> *La verdadera amistad llega cuando el silencio entre dos parece ameno*

hacer honor a aquellos que nos han dado su amistad, sin importar lo que cueste. Sin embargo, al ejercitar nuestra amistad también debemos ser cautelosos para no caer en la complicidad. Si los amigos o amigas no hacen lo correcto, no habrá que justificarlos. Un verdadero amigo es aquel que, con amor firme, se enfrenta y corrige.

Es probable que para algunos, hacer amigos resulte algo muy natural a lo largo de la vida. Sin embargo, para otros no es tan sencillo. Algunos consejos que podrían ser de utilidad para hacer amigos son:

- Explorar las posibilidades que se le presenten.
- Gustos, pasatiempos, opiniones, ideas políticas, trabajo, profesión, etc., son algunos de los puntos en común que pueden propiciar una amistad.
- Interaccione con el mayor número de personas y promueva espacios para conocerles.
- La clave en este proceso es interesarse verdaderamente por los demás.
- No fuerce el proceso natural. Poco a poco, casi sin darse cuenta, empezará a «seleccionar» a aquellas personas con las que se siente más a gusto y es compatible.
- En todo tiempo muéstrese amigo siendo confidente, hablando bien de las personas, invirtiendo tiempo en ellas, y respetando la privacidad y la individualidad.
- Supere las crisis y vuelva a intentarlo.

Otro de los retos que enfrentan, no solo los jóvenes, sino también todas las personas, es cómo mantener los amigos que tenemos, cómo nutrir esa amistad. Algunos consejos que podrían ayudar son:

> *Si sus amigos o amigas no hacen lo correcto, no los encubra ni justifique*

- Ejercitar valores como la consideración, la empatía, la tolerancia y la sinceridad, ya que son esenciales para conservar una amistad.
- Ser incondicional.
- Ser amigo o amiga no es fácil, pero vale la pena el esfuerzo.
- La amistad hay que alimentarla, cultivarla y protegerla, sobre todo cuando la vida prueba nuestra generosidad, lealtad, agradecimiento y confianza.
- No confunda la amistad con complicidad, el amigo enfrenta y corrige cuando es necesario.
- Tal como decía Ralph Waldo Emerson: «La única manera de poseer un amigo es serlo».

- Acepte a sus amigos tal cuales son; no trate de cambiarlos.
- En todo tiempo ama el amigo.

De esta forma, al multiplicar nuestras amistades bajo el concepto de amistad descrito, muchas de nuestras necesidades de afecto, compañía, comprensión y colaboración se verán satisfechas. Sobre todo, al estar rodeados de un círculo de amigos que nos brinden su amor y apoyo, será difícil experimentar los sentimientos de soledad que han impulsado a muchos jóvenes a establecer relaciones de forma precipitada, y aun más, a involucrarse sexualmente con miras a la satisfacción de necesidades afectivas.

> *Muchos jóvenes simplemente erotizan todo tipo de relación con el sexo opuesto*

El fenómeno del «Conquistador» o proveedor de afecto instantáneo

Durante mis años de consejero, una de las cosas más dolorosas que he visto en cuanto a la relación entre la necesidad afectiva y las relaciones eróticas, es darse cuenta de que muchos jóvenes simplemente erotizan todo tipo de relación con el sexo opuesto.

Por ejemplo, está el caso del llamado «conquistador», es decir, aquel hombre o mujer que lo que casi siempre busca es pasar la noche con alguien, o al menos acercarse físicamente tanto como pueda. Para estas personas, lo genital con tantos individuos como sea posible es un fin en sí mismo: lo genital por sí mismo.

Las consecuencias asociadas a este comportamiento son devastadoras tanto para los llamados «conquistadores» como para aquellas o aquellos que ante sus «encantos» se doblegan a sus deseos egoístas. En el caso de los primeros, frecuentemente su vida es una continua cacería, una eterna búsqueda de placer genital impulsada por una fuerte necesidad de reafirmación de su autoestima.

> «La sexualidad tiene tantas variables y es tan compleja como la persona, pues involucra al ser humano en su totalidad».
>
> Comentario de un joven

En el caso de los conquistados, podría mediar una imperiosa necesidad afectiva también relacionada con la autoimagen.

Para aquellas y aquellos que ceden ante los deseos del conquistador, que usualmente se aleja después de haber hecho la conquista, el sentimiento de sentirse usadas o usados es frustrante y doloroso. En este sentido, muchas personas se podrían preguntar: ¿por qué, entonces, las personas conquistadas consienten aun cuando se percibe que el conquistador busca el placer genital como fin último? A través de las muchas conversaciones que he sostenido con jóvenes en esta situación, lo que se percibe es que acceden porque media una importante carencia afectiva y una mala interpretación de lo que realmente es el establecer cercanía afectiva con alguien. Se esgrime la percepción de que cuando uno se interesa en alguien del sexo opuesto como persona, y además hay atracción física, se debe emprender el camino, casi de forma inmediata, hacia una relación romántica que usualmente terminará siendo una situación erótica. Es como si la forma última y casi única de expresión del amor entre dos jóvenes tuviese que terminar siendo así.

> *Es como si la forma última y casi única de expresión del amor entre dos jóvenes tuviese que terminar siendo erótica*

Sin embargo, es imperioso aprender otra vez el verdadero significado del amor. Es posible sentir esa sensación de amor profundo por otra persona sin tener que erotizar la relación. Es posible establecer y mantener relaciones satisfactorias y saludables en las que el eje central sea el respeto, la consideración mutua, el dominio propio y un deseo de conocer al otro sin llegar a cosificarlo. El producto de una relación de este tipo, casi siempre, es el crecimiento de ambos como personas, y la profundización de un amor desinteresado e incondicional.

> *Es imperioso aprender de nuevo el verdadero significado del amor.*

Por el contrario, cuando se pierde esta perspectiva y se centra la relación en las sensaciones físicas, en el deseo erótico, es posible perder de vista todos los demás aspectos esenciales para que la relación sea de beneficio a ambos miembros de la pareja, en todos los ámbitos de su ser integral.

Un ejemplo que podría muy bien ilustrar esta pérdida de perspectiva integral de una relación es el caso de aquellos amigos que siendo muy unidos, establecen una relación de noviazgo. De pronto, aquellas conversaciones extensas sobre temas de interés mutuo, aquel diálogo sincero, aquella forma de reír, aquella forma natural de ser, cambia. Ahora toda la energía, tiempo y atención se dirige a los besos y las caricias. En estos casos es usual que de repente aparezca un sentimiento de frustración interna al reconocer que aquello que era hermoso ya no lo es, que la amistad se truncó y que se perdió la magia de lo que alguna vez fue una hermosa relación.

> «La sexualidad no solamente se manifiesta dentro del noviazgo o del matrimonio, sino también en relaciones de amistad, compañerismo y el trato».
>
> Comentario de un joven

La afectividad sin erotismo es posible

Cuando uno elige amar, y se deja amar, es posible establecer relaciones afectivas abundantes y saludables fundamentadas en el respeto y en la admiración. Y esto es viable cuando se establecen los límites necesarios para que los sentimientos y las sensaciones relacionadas con esa afectividad, no terminen truncándose por ser erotizadas.

Por lo tanto, el secreto es que podamos darnos la libertad de amar y dejarnos amar, con la premisa de que se están estrechando lazos de amistad. Esto nos permite crecer como personas, lo que podría tener una incidencia positiva en los niveles de estrés y, en general, en la salud física y la vivencia plena.

Cuando se ama intensamente sin erotizar estas relaciones de amor mutuo, se potencia la posibilidad de desarrollar un conocimiento profundo de los demás y de nosotros mismos, ya que se minimizan los sentimientos de inseguridad y ansiedad, dando paso a un disfrute sano de múltiples relaciones, sin que eso provoque ningún tipo de confusión interna. Esta apertura, sin lugar a duda, se constituye en una fuente que alimenta continuamente nuestras necesidades

> *El secreto es que podamos darnos la libertad de amar y de dejarnos amar, con la premisa de que se están estrechando lazos de amistad*

afectivas. Desde esta perspectiva, la plenitud a nivel afectivo no está reservada para el matrimonio. La capacidad de amar y de dejarse amar no tiene por qué reservarse para el matrimonio. Puede y debe ser plena durante todas las etapas de la vida, comenzando desde la infancia, en que las necesidades afectivas son cubiertas principalmente por los miembros de la familia, y continuando por la adolescencia y la juventud, cuando se amplía ese círculo familiar y se integra a otros fuera de dicha esfera.

> *La capacidad de amar y de dejarse amar puede y debe ser plena durante todas las etapas de la vida*

Elementos que podrían profundizar la tendencia a la erotización en las relaciones afectivas

Una pregunta que surge ante la realidad que se vive hoy, es: ¿por qué las personas tienden a erotizar las relaciones afectivas?

Reconociendo la complejidad de este fenómeno, y sin obviar que pueden existir numerosas respuestas válidas a esta pregunta, quisiera apuntar a varios elementos que considero que tienen una relevante importancia en cuanto a la forma en que los jóvenes construyen sus «imágenes» de lo que debe ser una relación de amor.

Iniciemos con la **pornografía**. Cuando una persona se expone a material pornográfico, empieza a distorsionar la buena percepción de lo que es una verdadera relación afectiva. El placer genital toma una preeminencia desmedida, a tal punto que, como se dijo anteriormente, se comienza a considerar como el fin principal en la relación de pareja. Esta distorsión puede profundizarse a tal punto que, aun cuando se esté dentro del marco de las relaciones de matrimonio, se puede llegar a sobrepasar los límites del respeto y de la dignidad tanto para consigo mismo como para con la pareja.

> *Cuando una persona se expone a material pornográfico, empieza a distorsionar la buena percepción de lo que es una verdadera relación afectiva*

Recuerdo, al abordar este tema, a un joven de unos treinta años, quien el día de su cumpleaños le propuso a su esposa, que a manera de celebración, quería que, como pareja, tuviesen intimidad con una segunda mujer. Traigo esto a la memoria y lo digo porque mi intención es hacer que ustedes puedan entender lo dañino de la ya popularizada práctica de ver pornografía. Lo que ahora podría parecer un juego, una forma de desahogar una urgencia física, en etapas posteriores de la vida, cuando se establecen compromisos como el matrimonio, se puede convertir en un verdadero enemigo de la construcción de relaciones satisfactorias.

> «El mundo vende la idea de que, si yo tengo un deseo, voy y lo busco y lo satisfago; no hay limitación».
>
> Comentario de un joven

Al analizar las razones por las que una persona considera la posibilidad de proponerle a su pareja tal cosa, surgen dos preguntas: ¿dónde se origina y cómo se llega a legitimar este pensamiento? ¿Cuál es la concepción de respeto y consideración que media en esta relación? Sin lugar a duda, ese hombre dejó de tener relaciones afectivas saludables para convertirse en una persona esclava del sexo, del placer sexual, exacerbando la necesidad de sensaciones físicas genitales a partir de la irreal concepción de placer que nos vende la pornografía. Este prisma puramente genitalizado con el que ahora este hombre mira las relaciones, no le permiten valorar los sentimientos que tal petición puede generar en su esposa y, aun más, las consecuencias que tal práctica podría tener en su relación matrimonial. Esa persona dejó de amar y ha enfocado, de forma simplista, deshumanizada y egoísta, su necesidad de afecto y la forma

> *La pornografía tiene la tendencia de generar una fuerte adicción*

de obtener placer. Su «imagen» de lo que es una relación de pareja ha perdido profundidad, porque no hay ética de fidelidad que fomente la admiración, el respeto y la lealtad.

A lo largo de mi vida, he hablado con muchas personas que se han expuesto a la «inocencia» de la pornografía, llamándolo primero erotismo. Hay quienes han iniciado esta práctica con el fin de «motivar» relaciones sexuales más placenteras. Sin embargo, no toman en cuenta que la pornografía tiene la tendencia de generar una fuerte adicción, y que como todo tipo de adicción, somete al ser humano a la esclavitud. Ya sea en el caso de profesionales, personas con fuertes convicciones religiosas, padres y madres de familia, jóvenes e incluso adolescentes, una vez que se abre la puerta a la pornografía se hace difícil cerrarla, y los alcances de la adicción son imprevisibles. Al igual que con cualquier otro tipo de adicción, es una falacia pretender que se tiene control sobre ella, y que es controlable.

Con el fin de transmitirles con mayor vehemencia cuán devastadoras pueden ser las consecuencias de ver pornografía, les cuento la historia de un profesional en medicina, para quien el precio de esta práctica ha sido muy alto. Durante los años en que terminaba su doctorado fuera de su país, comenzó a «jugar» con la pornografía. El juego se convirtió en una adicción incontrolable. Llegó a acceder a la pornografía infantil y un día terminó abusando de los niños que iban a su consulta. Alguien podría decir que este es un caso aislado, una excepción. Sin embargo, es importante dimensionar este problema en sus verdaderos alcances. Esto no es una excepción. Las excepciones se dan en el sentido contrario: es difícil encontrar a alguien que se involucre con la pornografía y que pueda salir libre de consecuencias. En el caso de este médico, la distorsión entre lo correcto y lo incorrecto llegó a ser tal que se sintió en la libertad de abusar de los niños a quienes les brindaba cuidados de salud, cosificándolos como objetos de su placer. Las consecuencias finales fueron la cárcel, una carrera truncada, la pérdida de su familia y, además, como el mismo relata, «siempre tengo que luchar con lo mismo, porque no quiero que me vuelva a pasar».

> *Es difícil encontrar a alguien que se involucre con la pornografía y que pueda salir libre de consecuencias*

De la misma forma, aún recuerdo a este joven que con lágrimas en sus ojos me decía que comenzó a ver pornografía con unos amigos. «Al principio fue un juego, luego algo que no podía controlar. Todos los días tenía que hacerlo». Ese día estaba asustado porque en la mañana, al ver a su hermana salir del baño, la deseó y se lo dijo. Con lágrimas en sus ojos me expresó: «Ella me abofeteó, y me pregunto: "¿De dónde salió ese pensamiento, qué te ha pasado?" Soy una buena persona y aun canto en la iglesia».

¡No vale la pena poner en riesgo lo que tanto le ha costado construir!: el buen nombre, la libertad, el honor, la capacidad de ver con respeto a las demás personas y, sobre todo, la paz interior.

Además, se debe considerar que el placer genital y el erotismo nunca pueden satisfacer una necesidad afectiva, ya que son solo elementos complementarios de la expresión de un

> *El placer genital y el erotismo nunca pueden satisfacer una necesidad afectiva*

sentimiento que se da entre un hombre y una mujer, en un contexto de compromiso, respeto y consideración.

Las necesidades afectivas, antes del matrimonio, pueden ser canalizadas de forma adecuada amando y dejándose amar, en el contexto de relaciones saludables no eróticas que nos permitan una profunda intimidad. Estas relaciones están caracterizadas por el diálogo con verdaderos amigos y amigas, al tiempo que son mediadas por el respeto y la consideración. La clave está en aprender a amar y dejarnos amar de esa forma.

Ahora bien, otro de los elementos que podría distorsionar en gran manera la «imagen» que actualmente se construye en las relaciones románticas, es la popularización de lo que podemos llamar **lo genital por lo genital bajo acuerdo mutuo.** Es decir, que se pueden establecer ciertos tipos de «acuerdos» entre las partes, para disfrutar de placeres sexuales, sin llegar a relacionarse a nivel sentimental. La pregunta que aquí surge es la siguiente: ¿se pueden separar las dos cosas, es decir, sexo por puro placer con una persona y satisfacción sentimental con otra u otras personas? Nada está más alejado de la naturaleza del ser humano. No podemos separarnos a nosotros mismos. Como seres integrales, no es posible dividir tácitamente cada esfera de mi ser para experimentar algo concreto.

Según el diseño de Dios, la sexualidad es un don que se nos ha dado para disfrutarla en todas

«Algunos alegan que el ser humano es un ser vivo que tiene necesidades que atender, y que son naturales, por lo que no tienen que reprimirse. Entonces, de cierto modo, hacen promoción, o crean una tendencia al libertinaje, para satisfacer los deseos sin practicar ningún tipo de principio ni valor, sin mejorar de manera alguna el entorno social».

Comentario de un joven

las dimensiones del ser, bajo un marco de compromiso de por vida con la persona adecuada. Cuando se comparten momentos de intimidad, sin duda alguna, se involucra tanto el área psicoemocional como el área espiritual en una expresión física. La Biblia dice que llegamos a ser una sola carne, y esto es un misterio, porque tiene implicaciones que van más allá de lo racional. Es una intimidad espiritual, emocional, corporal y de destino.

> *La sexualidad es un don que se nos ha dado para disfrutarla en todas las dimensiones del ser, bajo un marco de compromiso de por vida con la persona adecuada*

CAPÍTULO VI

Relaciones que lastiman

¿Qué hay de malo conmigo? ¿Por qué nadie me toma en serio? Lo he dado todo tantas veces. Lo único que siento ahora es una profunda soledad.

Del diario de una joven

*E*n aquel tiempo lo único que me importaba era él. Dejé atrás la fe, a los que me rodeaban. Lo único que importaba era complacerlo a él. Me enamoré de forma ciega. Sí, todavía quería servirle a Dios, ser fiel, hacer su voluntad pero a Dios no lo veía, a él sí lo veía; a Dios no lo escuchaba, a él sí lo escuchaba. Luego quedé embarazada y entonces perdí al bebé.

❧

En una ocasión conocí a una joven que vino con un profundo dolor a pedir ayuda. Al hablar con ella, poco a poco y de forma triste, describió la relación que sostenía con su novio: los gritos, las humillaciones, las frases hirientes y los golpes. Después de escucharla detenidamente, le dije: «En este tipo de relaciones no hay amor. Es indispensable alejarse. Una relación así no se puede sostener. Creo que lo más acertado es que la termine cuanto antes». Sin embargo, el razonamiento de la joven era distinto: «Es que usted no me comprende. Él realmente me ama. Es cierto que me trata mal y pierde el control, pero se arrepiente y llora…» Le expliqué lo que es un ciclo de violencia, la forma en que, luego de arrepentirse de la agresión, viene un periodo de calma y «felicidad momentánea», para volver a la agresión y empezar el ciclo de nuevo. Le advertí sobre el peligro que corría su vida, y de la necesidad de que se sometiera a un proceso de terapia... pero ella estaba convencida de que él la amaba y que ella también lo amaba a él. Con el tiempo esa joven contrajo matrimonio con su novio. Después de numerosas experiencias llenas de sufrimiento, y las subsecuentes consecuencias de exponerse a una situación de agresión prolongada, ella terminó en el hospital, y el matrimonio terminó en divorcio.

¡Esto no es amor! El amor construye, no destruye. Quienes establecen relaciones de amor tienen un saldo positivo de gozo y satisfacción. El amor está fundamentado en la dignidad y en el respeto mutuo. Además, usualmente las personas con una sana autoestima y estabilidad emocional son las que llegan a tener relaciones de este tipo. Por lo tanto, no lo logra el que es celoso en extremo, ni el que posee en lugar de amar.

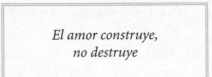

El amor construye,
no destruye

Esto nos lleva a retomar el tema del «conquistador» y de quienes se someten a él, o bien a ella. ¿Qué es lo que busca el «conquistador»? Y así también, ¿qué busca el que se deja seducir y, por ende, maltratar?

A partir de la observación, y conversando con muchas personas, me he dado cuenta de que en los grupos de jóvenes en los que se reúnen para socializar, es frecuente la presencia de algunos cuyo objetivo principal para asistir es la oportunidad de conquistar. La conquista en sí no tiene aspecto negativo. Conquista también quien pretende ganar el amor de su amada o amado, con propósitos nobles y de compromiso. Sin embargo, hablaremos aquí del conquistador que procura atraer al otro con propósitos utilitarios.

Al conquistador no le interesa el otro como persona; su objetivo principal es la satisfacción de su deseo sexual y egocéntrico. Casi nunca mide las consecuencias de sus acciones. Su interés está centrado, casi de forma obsesiva, en obtener placer físico y alimentar su ego a partir de las conquistas que logra. De esta forma, sus «presas» se convierten en trofeos, y su autoimagen de «gran ganador» se fortalece a medida que van quedando, en el camino que recorre, las emociones mancilladas de quienes, comprometiendo su salud integral, se rindieron a sus encantos.

Frecuentemente, estas personas tienen gran facilidad de palabra, y conocen bien lo que los demás quieren oír de sí mismos. De esta forma, en su conversación no tardan en aparecer frases como: «Eres muy especial», «Nunca había conocido a alguien como tú», «Eres muy interesante». Poco a poco van ganando terreno, y por lo general la culminación de su conquista es lograr tener contacto genital con la otra persona. Puede ser que continúen la relación por un corto tiempo, pero usualmente, luego de haber logrado su objetivo principal, pierden interés.

> *El conquistador procura atraer al otro con propósitos utilitarios*

Hace poco escuché una historia casi jocosa que ilustra muy bien la forma en que actúan este tipo de galanes. El muchacho era nuevo en el grupo. Su llegada provocó un gran ánimo en todas las chicas, ya que lo consideraban atractivo y atento. Al cabo de unos días, a través de conversaciones entre ellas, se dieron cuenta de que aquel hombre casi perfecto enviaba los mismos mensajes de texto zalameros a todas, es decir, hacía una «campaña masiva» para poder atrapar a la mayor cantidad posible con el menor esfuerzo.

> «Hay mucha decepción, mucha frialdad en la gente. Tanto nosotras las mujeres, como también los hombres, materializamos la sexualidad».
>
> Comentario de una joven

Es evidente que los conquistadores se encuentran con dos tipos de personas: aquellas que al percibir, en algún punto, las verdaderas intenciones de este «depredador», toman la sana decisión de alejarse y evitar el maltrato y subsiguiente sufrimiento; y aquellas que aun percibiendo las inminentes consecuencias de involucrarse en este tipo de relación, acceden y entran en el peligroso juego del conquistador. Algunos de los argumentos que he escuchado son: «Yo sé qué es lo que busca… pero me hace sentir muy bien… Me siento especial… y tal vez conmigo sea diferente…»; o «Aunque sé qué es lo que busca, al menos es algo; me conformo con lo que me da ahora, en el presente; por un tiempo estará a mi lado».

> *Estas personas tienen gran facilidad de palabra y conocen bien lo que los demás quieren oír de sí mismos*

Aunado a este tipo de razonamientos, está la convicción de que, en el fondo, el conquistador o la conquistadora es una persona buena y posee sentimientos nobles. Hay una tendencia a la justificación de sus actos, y a la creencia de que pueden cambiar si tienen al lado la persona correcta. Por distintas razones, el conquistado o la conquistada creen ser esa persona correcta, y asumen un papel redentor.

> *Es frecuente que estos «mendigos de amor» vivan como víctimas reiteradas de los conquistadores*

Tomar esta posición de desventaja, que les convierte en víctimas casi voluntarias, implica una pérdida galopante de autoestima y estabilidad emocional. Quienes caen repetidamente en las relaciones tipo depredador-presa, van interiorizando cada vez más lo que he llamado el papel de «mendigos de amor».

Es frecuente que esos «mendigos de amor» vivan como víctimas reiteradas de los conquistadores, sumidas en perennes lamentos por haber sido usadas y abandonadas, sin considerar todos los posibles problemas de tipo psicoemocional que pueda disparar esta forma de percibirse y de actuar. Un elemento que encuentro relevante es la dificultad que tienen estas personas de satisfacer sus necesidades afectivas fuera del círculo de las relaciones románticas. Por ello, ante la posibilidad de establecer una relación de este tipo, se dejan llevar por los superficiales sentimientos de atracción física, sin darse el tiempo necesario para conocer a la otra persona, y para meditar, a medida que el otro revela sus verdaderas intenciones, sobre las posibles consecuencias de establecer una relación romántica con tal o cual persona.

El «mendigo de amor», por lo tanto, es alguien que por diversas razones, no se da la libertad de amar y de dejarse amar por quienes le rodean. No sabe cómo satisfacer su necesidad afectiva fuera del ámbito de lo romántico. Por lo general no busca la profundización de relaciones sinceras de amistad, y de alguna manera ha interiorizado que esta necesidad afectiva solo puede satisfacerla alguien románticamente.

> *En el fondo, todos necesitamos ser amados, pero el amor tiene características que no se pueden ignorar*

Un «mendigo de amor», presa fácil de los conquistadores, posiblemente sea alguien que fue humillado en su hogar. No le dijeron que era bella o atractivo, ni inteligente. Mientras crecía, era alguien que necesitaba escuchar un «te amo» de cualquier forma, y casi lo suplicaba. Es una persona que si no llega a verse con valor, con aprecio y dignidad, sufrirá fácilmente de abusos y humillaciones.

En el fondo, todos necesitamos ser amados, pero el amor tiene características que no se pueden ignorar. Tal como lo describe la Biblia en 1 Corintios 13, el amor no hace nada indebido, no busca lo suyo, no es egoísta, no guarda rencor, no es vanidoso, no se irrita, busca la verdad y la sigue, dignifica y hace grande a la persona amada. El amor no se suplica, no se atrapa, no se implora. El amor crece a partir de tener un conocimiento profundo de quién es la otra persona, y conociéndola, la acepta, la valora, la aprecia y la protege.

> El «mendigo de amor» es alguien que por diversas razones, no se da la libertad de amar y de dejarse amar por quienes le rodean

En el caso de los conquistadores, a través de los años he llegado a la conclusión de que tienen una baja autoestima. Por medio de sus continuas conquistas, buscan fortalecer su autoimagen. El conquistador necesita saberse galán, atractivo o atractiva. Le otorga gran valor a la idea de «poseer». De esta forma, las posesiones materiales son importantes para él o ella, ya que se convierten en un elemento más de conquista. También es usual que otorguen una importancia desmedida a la belleza física. Frecuentemente, sus relaciones interpersonales, casi de toda índole, se caracterizan por la superficialidad y poca empatía, ya que temen franquearse y mostrarse tal cual son a los demás. Es por esa razón que usan a las personas para llenar ese vacío emocional.

De primera instancia, los conquistadores parecieran preocuparse genuinamente por el otro. Sin embargo, esta es una forma más de obtener lo que de manera egoísta desean. Su poca capacidad de empatía hace que establezcan relaciones eminentemente pasajeras, en las que los

> «Tuve una relación con una persona cristiana que me decía: *Dios sabe que nos amamos y que ahora no hay plata para casarnos. Yo soy hombre, es normal que tengamos relaciones sexuales».*
>
> Comentario de una joven

sentimientos de la otra persona no interesan, pues la ve como un juguete o títere que está ahí para su disfrute momentáneo.

Algunas características que se pueden evidenciar en las relaciones del conquistador son las siguientes:

- El «conquistador» quiere mantener la relación en oculto. No hay libertad, no hay disposición para presentar a sus familiares y amigos a la llamada pareja.
- Es una relación centrada en el placer. No hay un sincero deseo de conocer al otro, sino de poseerle.
- Es una relación que generalmente absorbe y separa al otro del resto de sus amigos y relaciones, incluyendo a los familiares.
- Constantemente hay conflictos a raíz de los celos, ya que hay un sentimiento de posesión del otro.
- Hay un persistente cuestionamiento del otro: ¿Dónde estabas?, ¿Con quién estabas?, ¿Por qué no me llamaste? O bien, persistentes directrices como: «A mí no me gusta que estés en el equipo de…», «No quiero que salgas con…», «Ese grupo de amigos no es para ti…» O, «¿Por qué saliste con tu grupo de amigos…?» Es una relación fundamentada en los celos.
- Es una relación utilitarista, en la que usualmente uno usa al otro con fines egoístas.

Mi recomendación a los y las jóvenes es que establezcan círculos de amigos, y que aprovechen las oportunidades de establecer amistades profundas que brinden alegría, amor, camaradería y acompañamiento.

> *Se debe aprender a amar intensamente a los demás, a establecer relaciones saludables y plenas de amor no romántico*

Cuando alguien del sexo opuesto se cruce en su camino, aun cuando haya atracción física, lo primero que se debe hacer es abrirse a la posibilidad de una amistad sin pretensiones amorosas; una amistad que lleve a una verdadera intimidad con esa persona sin que sea una relación romántica, sin que medie el erotismo. Debemos aprender nuevamente el significado del amor, y a cómo satisfacer nuestras necesidades afectivas desde las distintas fuentes no románticas, tal como la familia, los amigos y amigas, y sobre todo, teniendo una profunda relación con Dios, que lo llena todo en todo.

Darse la oportunidad para aprender a amar intensamente a los demás, a establecer relaciones saludables y plenas de amor no romántico, es el primer paso para satisfacer nuestras necesidades afectivas y prepararnos emocionalmente para una relación romántica plena en el futuro.

Dicho lo anterior, ¿qué hacer si me reconozco como un «mendigo de amor» o un «conquistador»? ¿Cómo se puede aprender a amar de forma distinta? ¿Qué es lo que tengo que vencer?

A través del tiempo he podido identificar algunos aspectos a los que se debe prestar atención para aprender a amar de forma correcta:

1. Reconocer que lo que hay que cambiar no está afuera. Está adentro. No tiene que ver con alguien más, sino conmigo mismo. El cambio en mis relaciones interpersonales se da de adentro hacia fuera, conociendo a Dios como mi Creador y Salvador personal, y perdonando a quienes me han abandonado u ofendieron. He de aceptar que soy alguien especial, digno del amor y el respeto de los demás y de mí mismo.
2. Iniciar un proceso con el fin de conocerme. Esto puede implicar pedir ayuda a terceras personas, ya sean cercanas o bien un profesional.
3. Desarrollarme como ser integral, a partir del conocimiento que he adquirido de quién soy. Establecer metas y caminar hacia ellas.
4. Aceptarme en todas las dimensiones del ser.
5. Tener gratitud por lo que soy.
6. Establecer relaciones interpersonales saludables.
7. Ser y mostrarme amigo.

> *Es posible que haya muchos temores que se deriven de una inadecuada percepción de nosotros mismos*

Antes, e incluso durante este proceso, es posible que haya muchos temores que se deriven de una inadecuada percepción de nosotros mismos. Estos temores se profundizan cuando nos enfocamos en nuestras debilidades más que en nuestras fortalezas. Usualmente, es en las áreas en las que nos consideramos débiles en las que surgen esos miedos que impiden nuestro pleno desarrollo.

Por ejemplo, el temor puede surgir a partir de una humillación o rechazo pasados, no solo dentro de una relación amorosa, sino también en el ámbito de cualquier relación interpersonal. Es frecuente que cuando hemos amado genuinamente, y por alguna razón experimentamos rechazo, la experiencia se traduzca en temor a amar francamente y en inseguridad. A pesar de que tales sentimientos podrían ser calificados de normales, dependiendo de su intensidad y duración en el tiempo, es necesario posibilitar que sean transitorios, por haberlos comprendido así. Además, se debe tomar la oportunidad para salir de la experiencia fortalecido, por medio de un ejercicio consciente de reflexión que nos permita aprender de ella. Por lo tanto, así como un día vivimos el dolor del rechazo, el abandono o la humillación, un día también debemos tener la valentía de levantarnos con dignidad, con amor propio y con conciencia de que tenemos valor. Lo anterior sigue siendo un milagro de la mano de Dios, porque creo que es imposible lograrlo con nuestras propias fuerzas.

Una experiencia de rechazo puede socavar nuestra autoestima, provocar un ensimismamiento y minar nuestra capacidad de amar. O bien, puede impulsar un proceso de evaluación y meditación que nos lleve a un mayor entendimiento de nosotros mismos y de la forma en que interactuamos con los demás. Así, también, puede ayudarnos a desarrollar la habilidad de evaluar las intenciones, motivaciones y sentimientos de otros, a la hora de establecer nuevas relaciones interpersonales.

> *Una experiencia de rechazo puede socavar nuestra autoestima, o bien puede impulsar un proceso de evaluación y meditación*

En el caso del rechazo en las relaciones románticas, lo común es que uno de los dos decida concluir la relación. Es poco frecuente que ambos miembros de la pareja decidan al unísono acabar con la relación. Aun cuando la ruptura se dé en términos aceptables de respeto y consideración, tal como debería ser en todos los casos, es usual experimentar esos sentimientos de temor e inseguridad, además de dolor y ansiedad, entre otros. Durante un período de tiempo razonable, la exacerbación de esta forma de sentir es normal. Es una pérdida que debe ser interiorizada y resuelta a través de un proceso de duelo que tomará su tiempo. Sin embargo, la actitud correcta para salir de la mejor forma de este trance, es reconocer la libertad que tiene el otro de estar o no conmigo, pero a la vez comprender que esta decisión no afecta mi valor como persona.

Por último, a pesar de los posibles sentimientos de desánimo, es importante levantarse y continuar el camino de la vida. Debemos levantar la cabeza con dignidad y darnos la oportunidad de salir airosos. De esa forma, un día ya no será necesario el esfuerzo para erguirnos y mirar hacia adelante con esperanza.

> *Se debe reconocer la libertad que tiene el otro de estar o no conmigo*

Ahora bien, este caminar se inicia con la convicción de que valgo, de que yo puedo, de que voy a ir adelante, de que Dios está conmigo. Caminaré con la convicción de que este sentimiento un día de estos va a irse, conforme me esfuerzo por vivir con la mirada puesta en el horizonte.

Poco a poco uno se irá levantando. De pronto la vida parecerá tener más colores y más brillo, y se vivirán los días con mayor esperanza. Uno empezará a reconocer de nuevo su entorno, a los que le rodean, a quienes le aprecian de verdad. Y, entonces, uno se dará cuenta de que el amor sigue estando allí, entre los suyos, con sus amigos. Uno ha de recuperar las amistades que posiblemente dejó de lado y, sobre todo, se dejará amar por quienes le aman de verdad.

> «El creer que muchas de las cosas que sueño se van a realizar, me mantiene. Muchas veces abro los ojos y no me quiero levantar, y no quiero ni pensar, y no quiero ni ver a nadie, pero algo me dice: *Tienes que pensar, tienes que ver, tienes que salir*».
>
> Comentario de una joven

Aquí es importante entonces aprender la siguiente lección: una relación amorosa, mi pareja sentimental, es parte importante de mi vida, pero no lo es todo. No es sano enfocarnos de forma exclusiva en una persona con el fin de satisfacer nuestras necesidades afectivas.

De nuevo, es importante valorar la afectividad que proviene de diversas fuentes. Es importante tomar en cuenta que hay distintos tipo de amor. La intensidad con la que somos amados y amamos puede variar. Sin embargo, el afecto siempre es bálsamo para el alma, fortaleza para el espíritu y fuente de alegría.

> *Déjese amar por quienes le aman de verdad*

Cuando se logra cerrar el capítulo doloroso, y disipar los sentimientos de ansiedad e inseguridad, y el temor de amar, es posible reencontrar el afecto en aquellos y aquellas que le aman de forma incondicional. De esta manera, se puede volver a brillar, no solo al reconocer que le aman —ya que probablemente no habían dejado de hacerlo—, sino porque es posible ahora darse la

> *El afecto siempre es bálsamo para el alma, fortaleza para el espíritu y fuente de alegría*

oportunidad de amar libremente. Sin embargo, es importante comprender que, para lograr salir adelante, hay que tomar la decisión de querer hacerlo y actuar sobre esta decisión.

Recursos para seguir adelante después de una relación dolorosa

Al enfrentar una situación de ruptura en una relación romántica que nos causa dolor y ansiedad, hay varias medidas útiles que se pueden aplicar para propiciar el proceso de superación de esos sentimientos. No se debe olvidar que, en última instancia, son sentimientos que impiden nuestro buen desarrollo emocional y social.

En primer lugar, y aunque parezca obvio, es importante decirlo: Deje de frecuentar los lugares en los que es posible encontrar a su antigua pareja. Al hablar con jóvenes, es usual que manifiesten que les es difícil olvidar debido a que «por casualidad» suelen encontrar al otro en todas partes. Mi recomendación ordinaria es que haga una autoevaluación para determinar si, más bien de forma inconsciente, hay una búsqueda del otro y, por lo tanto, asiste a los lugares en los que se puede dar un reencuentro.

No importa cuánto nos guste ir a ciertos lugares, al menos hasta que la herida sane, es mejor evitar de forma consciente esos reencuentros. Busque otros ambientes, otros círculos, relacionarse con nuevas personas, y no con fines románticos sino diversificando y

> *Determine si más bien, de forma inconsciente, hay una búsqueda del otro*

profundizando relaciones de amistad. Además, si usted considera que le está siendo especialmente difícil superar este trance, piense en la posibilidad de buscar la ayuda de alguien que de forma profesional le pueda guiar en un proceso que le permita ser libre.

En última instancia, solo de modo intencional, a través de la racionalización y el planeamiento, es posible superar una relación que nos ha lastimado. A través de este proceso podemos aprender las valiosas lecciones que esta experiencia nos puede dejar y aun más, caminar hacia el aprendizaje de lo que realmente significa amar y ser amado.

> *Camine hacia el aprendizaje de lo que realmente significa amar y ser amado*

Podemos decir que una verdadera recuperación e interiorización de nuevas formas de relacionarse sanamente, se inicia con la decisión consciente de superar la crisis, fortalecer las amistades existentes, propiciar nuevas relaciones de amistad, asumir una actitud nueva fundamentada en una autoimagen saludable y, por último, amar y dejarse amar bajo una correcta concepción de lo que verdaderamente es el amor.

Ahora bien, en este punto se preguntarán: Entonces, ¿cuál es la verdadera cara del amor? ¿Cómo amar y ser amado correctamente? Aunque en las páginas que siguen vamos a hablar de forma más concreta sobre la verdadera cara del amor en una relación romántica, contestaré a esta pregunta con la descripción más acertada que conozco de lo que es amar (1 Corintios 13.4-7, TLA):

➤ *El que ama tiene paciencia en todo, y siempre es amable.*
➤ *El que ama no es envidioso, ni se cree más que nadie.*
➤ *No es orgulloso.*
➤ *No es grosero ni egoísta.*
➤ *No se enoja por cualquier cosa.*
➤ *No se pasa la vida recordando lo malo que otros le han hecho.*
➤ *No aplaude a los malvados, sino a los que hablan con la verdad.*
➤ *El que ama es capaz de aguantarlo todo, de creerlo todo, de esperarlo todo, de soportarlo todo.*

Esta descripción de lo que significa amar, es el recurso más importante del que uno se debe apropiar a fin de satisfacer esa necesidad afectiva inherente a todo ser humano, sin caer en relaciones amorosas usualmente erotizadas que causan dolor.

Uno de los puntos más importantes para evitar involucrarnos en relaciones poco saludables es sumar a los sentimientos inteligencia. Cuando me refiero a la inteligencia en el amor, lo que les planteo es que se tomen el tiempo para conocer a las personas que les rodean. Si uno siente atracción por alguien del sexo opuesto reflexione, de la forma más objetiva posible, sobre su carácter, atributos, moral y forma de actuar, entre otras cosas. Reflexione en cómo podría resultar una relación con miras a un futuro compromiso entre ustedes. Cuando usted se enamora, a menudo lo hace de algo que le atrae de

> *Sumar a los sentimientos*
> *inteligencia*

la otra persona, pero cuando se casa, se casa con un carácter, con una forma de ser, con las costumbres aprendidas. Por eso, añada inteligencia y objetividad al enamoramiento. Pregúntese: ¿Me veo conviviendo con una persona así? ¿Me agrada la forma en que se relaciona con sus padres? Estoy seguro de que ya se ha preguntado qué tienen que ver los padres en su relación romántica. Un día usted será parte de ese círculo íntimo y será tratado en función de esa forma particular de relacionarse. El amor no es ciego, el amor piensa y es capaz de proyectarse en el tiempo.

CAPÍTULO VII

Me amo para amar: Personas plenas

¿Cómo aprender a amar «bien»? ¿Es posible amar a otros cuando me es difícil amarme a mí mismo?

Del diario de un joven

C omo papá dice, un buen macho se reconoce por sus conquistas. Verdaderamente me gusta Ana, pero hay tantas chicas que se fijan en mí que no puedo dejar pasar las oportunidades. Ana es buena. Sí, sé que no tardará en darme su «prueba de amor», pero mientras tanto, debo ir preparando el camino. Carolina y María José no paran de coquetear conmigo. Bueno, al fin el gimnasio y el gasto en ropa están dando resultado. Voy a seguir con Ana. Claro, ahí tengo ya casi asegurada la «anotación». Pero no voy a descuidar el flirteo al menos con Carolina, que está guapísima. Luego veré si hay posibilidades con María José también.

∞

«Amarse a sí mismo» es una frase que continuamente oímos, y que incluso muchas personas piensan que se aplica a la forma en que se perciben a sí mismas. Sin embargo, si esto fuera real, simplemente las relaciones personales, en todo ámbito, serían muy saludables. Por lo tanto, el resultado sería una sociedad distinta por completo.

Para hablar de este tema se hace necesario recordar dos cosas de las que ya hemos hablado: la autoestima y el amor. La primera nos permite tener un encuentro genuino con Dios, con nosotros mismos y, por lo tanto, con las otras personas. Un encuentro fundamentado en el amor.

De la misma forma, tal como lo mencionamos anteriormente, podríamos definir la autoestima como la percepción valorativa y confiada de uno mismo, que motiva a la persona a conducirse apropiadamente, manifestarse con autonomía y proyectarse satisfactoriamente ante la vida.

En cuanto al amor, recordemos que «el que ama tiene paciencia en todo, y siempre es amable. El que ama no es envidioso, ni se cree más que nadie, no es orgulloso, no es grosero ni egoísta, no se enoja por cualquier cosa, no se pasa la vida recordando lo malo que otros le han hecho, no aplaude a los malvados, sino a los que hablan con la verdad. El que ama es capaz de creerlo todo, de esperarlo todo, de soportarlo todo» (1 Corintios 13.4-7, TLA).

Ahora bien, hemos descrito ya dos de las patologías que sufren las personas al buscar involucrarse en relaciones románticas: el conquistador y el mendigo de amor. También

> *El que ama tiene paciencia en todo y siempre es amable*

hemos encontrado un común denominador en ambas formas de abordar estas relaciones, esto es, la falta de una percepción adecuada de sí mismo, de una sana autoestima.

Por lo tanto, es imprescindible que quienes reconozcan características de algunas de estas dos formas de relacionarse, hagan una reflexión profunda sobre el amor que se tienen a sí mismos, ya que solo valorándose de forma adecuada y aprendiendo a amarse, les será posible establecer relaciones plenas.

Tanto el conquistador como el mendigo de amor deben, antes que todo, detenerse y mirar hacia adentro reconociendo sus propios sentimientos de inferioridad e inseguridad, así como las actitudes que se derivan de ellos.

En el caso del conquistador, es imperiosa su necesidad de atraer la atención, y de ser reconocido por la «habilidad» de dominar para la satisfacción propia. De esta manera sus relaciones están marcadas por la cosificación de la otra persona como objeto de placer.

Mientras tanto, el mendigo de amor experimenta continuamente la sensación de no ser amado, es vulnerable al continuo conflicto emocional, y tiene actitudes que denotan su ansiedad y aprensión. Su capacidad de defensa es poca debido a la falta de confianza en sí mismo y al temor a enfrentarse a circunstancias adversas. Por lo tanto, buscará amor de forma continua y ansiosa, y se someterá casi a cualquier situación a cambio de sentirse amado, sin tener la capacidad de defenderse cuando se vea lastimado. Frecuentemente, es alguien que necesita tener relaciones románticas porque no puede vivir sin ellas, pues así procura llenar sus vacíos emocionales.

> *Es importante autoevaluarse y recurrir a la ayuda de un profesional en psicología en caso de que sea necesario*

Los factores que influyen para que la persona tienda a ser conquistador o mendigo de amor son innumerables. Se pueden citar, entre otros, el rechazo por parte de los progenitores, castigos físicos crueles y rigurosos, padres dominantes o bien ausentes, la corrección negativa, un hogar inestable y las comparaciones chocantes. Es importante autoevaluarse y recurrir a la ayuda de un profesional en psicología si encontramos que las características de alguno de estos dos tipos de problemas están fuertemente arraigadas en nuestra persona.

Tengo que darme la oportunidad de descubrir dentro de mí mismo qué es lo que me provoca la inseguridad, el temor y la necesidad de reafirmarme a mí mismo. Es de vital importancia resolverlo a nivel personal. De acuerdo al trasfondo de cada persona, es probable que deba perdonar y pedir perdón, y soltar las relaciones que un día le lastimaron. A la vez, es necesario desaprender las formas dañinas de relacionarse, y darse la oportunidad de establecer relaciones saludables mediadas por el amor y el respeto. De lo contrario, el conquistador probablemente terminará solo y odiado por los demás. Y el mendigo se autocondenará a una perpetua búsqueda de amor, ya que aun cuando se relacione con una persona emocionalmente equilibrada, es posible que necesite constante reafirmación para sentirse amado.

> *Debo darme la oportunidad de descubrir dentro de mí mismo qué es lo que me provoca la inseguridad, el temor y la necesidad de reafirmarme a mí mismo*

El mendigo emocional, así como el conquistador, tienen la necesidad de detenerse y de encontrarse con Dios y con ellos mismos, de poner un nuevo fundamento en su estilo de vida, de interiorizar valores, principios y formas de pensar y de percibir a los demás, y de actuar de tal manera que puedan lograr el equilibrio emocional. Es a partir del equilibrio emocional, del aceptarme a mí mismo tal cual soy, de verme con dignidad y respeto, de establecer una relación con Dios a partir del perdón, lo que proporciona relaciones interpersonales sanas.

> *Las relaciones saludables están mediadas por el amor y el respeto*

Cuando una persona logra alcanzar este equilibrio y levantarse para vivir plenamente, es objeto de admiración, desarrolla un brillo profundo que se refleja en la expresión de su personalidad, es auténtico, socializa con mayor facilidad, expresa emociones, y se sabe a sí mismo completo y libre. También goza de paz interior, y establece relaciones interpersonales fundamentadas en el respeto y la admiración.

Una de las principales tareas del conquistador será dejar de deshumanizar a las demás personas, y otorgarles valor y respeto. Debe apreciar la gracia que tiene para establecer relaciones, y proponerse que su efecto sea dejar un buen legado con cada persona con la que interactúe. Así también debe medir el impacto dañino que tiene el desprecio en los demás.

Sin duda, el conquistador también es una víctima, y tiene que reconocerse de esta manera, a pesar de su orgullo. Es una víctima que se convierte en victimario, porque esta es su forma de contrarrestar su falta de autoestima.

> *Es a partir del equilibrio emocional, y de establecer una relación con Dios, lo que proporciona relaciones interpersonales sanas*

En una ocasión hablaba con una persona adulta, un hombre de unos sesenta años. Me buscó porque su esposa e hijos se habían dado cuenta de que tenía una nueva amante. Este caballero es un hombre educado e intelectual, catedrático universitario. Empezamos a hablar, sus primeras palabras fueron: «Por primera vez me siento viejo». Por un momento pensé que iba a decir: «Por primera vez me siento mal», pero continuó, «porque le llevo treinta años a la joven con la que salgo». Después de que se marchó, aún podía oír aquellas palabras. Su preocupación no era el dolor que estaba causando a su esposa e hijos. No pensaba en nada más que el temor que le producía ponerse viejo. A los pocos años volví a encontrarlo, solo, muy solo. Con la mirada triste y vacía dijo: «Me hicieron lo que yo hice tantas veces, me abandonaron». El odio que había despertado en sus hijos era evidente. Él no tenía proyecto de vida, simplemente era un conquistador en busca de algo que no lo llena la lujuria. A pesar de las muchas conquistas, seguía solo.

Cuando se da un énfasis erótico a las relaciones, hay una exacerbación de lo físico, del placer, y de la sensación de conquista y poder. Ciertamente, una relación genital puede producir un placer físico momentáneo. Sin embargo, es tan efímero que la sensación de vacío y soledad permanecerá, no importa el número de orgasmos que se tengan. Cuando el deseo erótico está mediado únicamente por una atracción puramente física, y se tienen relaciones sexuales, una vez pasado el coito surge la realidad de un interés puramente físico, la realidad de que el deseo de poseerla o poseerlo se fue porque «ya fue mía», le hice mi objeto. Es posible que el interés en lo físico se mantenga por un período corto de tiempo. Sin embargo, tan pronto como aparezca otro cuerpo atractivo para poseer, la magia pronto se perderá.

> *Cuando se da un énfasis erótico a las relaciones, hay una exacerbación de lo físico, del placer, y de la sensación de conquista y poder*

Al referirme a este concepto recuerdo la analogía que hizo un hombre adinerado, a manera de síntesis: «Es como cuando uno compra el auto que siempre ha soñado. Después de tres meses simplemente es un auto seguro, de una marca cualquiera». En efecto, es muy similar cuando tenemos una mala perspectiva respecto al amor y la sexualidad. Cuando la efímera magia del deseo físico se pierde, y los ojos se fijan en otro lugar, el mal llamado «amor» se acaba, y la necesidad de otra conquista se renueva.

De esta forma, el «amor» centrado en lo físico y totalmente erotizado, que nos vende la industria del entretenimiento, no es amor. El amor no puede surgir de la admiración de un cuerpo escultural y unos minutos de placer, porque va mucho, pero mucho más allá del ámbito físico. Los seres humanos estamos diseñados para amar y ser amados, en relaciones de respeto, entendimiento mutuo, lealtad y consideración.

El deseo de los ojos jamás será satisfecho. Usted puede contemplar, y desear el cuerpo mejor formado, pero a menos que medie amor de verdad, el deseo será momentáneo, superficial, y durará hasta que surja el placer de una nueva conquista. El amor no posee, ni utiliza a las personas, sino que las dignifica, las honra, las cuida y las protege.

> *El amor va mucho más allá del ámbito físico*

De la misma forma, al hablar del mendigo de amor, podemos decir que la búsqueda incesante de llenar su necesidad afectiva podría llevarle a confundir con amor la atención que le brindan, el halago del conquistador o la conquistadora, todo ante la posibilidad de llenar su carencia emocional. Incluso, es posible que comprometa su dignidad a cambio de un poco de atención.

En fin, si usted se reconoce en alguna de las dos caras de la poca autoestima, es imperioso admitirlo. Los conquistadores deben romper con ese ciclo de superficialidad, ya que no solo se lastiman a sí mismos, sino que también dejan heridas a sus furtivas parejas. Los mendigos de amor deben dejar de comprometer su bienestar por obtener migajas de «amor».

Controlar nuestras relaciones requiere decisiones constantes, coherentes y oportunas

Asumiendo que se ha hecho una reflexión franca de nuestro estado emocional en relación a las categorías patológicas de conquistador y mendigo emocional, y que de acuerdo a las conclusiones a las que hayamos llegado se tomarán las acciones correctivas necesarias, existen otros factores que debemos tomar en cuenta para procurar el equilibrio emocional y el bienestar integral.

> *El carácter único que desarrollamos como seres individuales va dibujando lo que muchos han dado en llamar nuestro «destino»*

El legado cultural, la socialización que recibimos de la familia, y de las instituciones educativas y formativas, definitivamente tienen una influencia trascendental en nuestras vidas. Sin embargo, ese carácter único que desarrollamos como seres individuales, va dibujando lo que muchos han dado en llamar nuestro «destino».

En las primeras etapas de la vida, usualmente las personas a nuestro cargo se ocupan de decidir por nosotros, en principio para nuestro beneficio, y para marcar el camino que seguiremos. Así, de forma directa, deciden el tipo de educación formal que recibiremos, e inclusive, en algunos casos, la formación artística y deportiva, los lugares de entretenimiento, el tipo de personas con las que nos relacionamos, y así por el estilo.

Al llegar la adolescencia, lo sano es que se comience a tomar algunas decisiones de importancia. En esta etapa, comenzamos a tener control sobre algunos aspectos de la vida. Más adelante, ya como jóvenes, los individuos toman el control al menos parcialmente, y entonces se puede decir que es cuando se asume la responsabilidad de la construcción del proyecto de vida. Decimos parcialmente, porque el entorno socioeconómico y cultural también es un factor de gran relevancia en cuanto al rumbo por el cual caminamos.

Debido a que difícilmente se puede controlar de forma efectiva el entorno, es importante concentrar esfuerzos en la toma de decisiones individuales que, en lo posible, potencien para elegir el camino por el cual se quiere transitar en la vida, reconociendo que este puede ser modificado por razones del entorno. En este caso, nuevamente, se deben tomar decisiones que corrijan el curso, para así poder lograr desarrollar un proyecto de vida satisfactorio.

> *El camino de la vida es la suma de las decisiones que tomamos en relación al entorno en que nos ha tocado vivir*

Puesto de otra forma, se deben ajustar metas a la realidad del entorno y sacar el mayor provecho de las circunstancias adversas al proyecto de vida inicial. De esta forma, no nos sumiremos en lamentaciones por metas que, por razones fuera de nuestro control, no se han podido alcanzar. Antes bien, caminaremos probablemente con un rumbo un poco incierto, pero siempre con la mirada hacia delante.

El camino de la vida es la suma de las decisiones que tomamos en relación al entorno en que nos ha tocado vivir. En esta senda hay una gran cantidad de bifurcaciones que nos llevan a otros caminos. Cada vez que tomamos una decisión, estamos determinando la dirección que tomaremos en el mapa de las posibilidades de nuestra existencia. Al tomar un camino particular, dejamos de lado la totalidad de las otras opciones. Por esta razón, la construcción de un proyecto de vida debe ser asumida con seriedad, y considerando las consecuencias de nuestros actos.

Las decisiones pueden ser trascendentales, como lo serían la elección de la pareja, la profesión, el número de hijos, etc. En estos casos se hace necesario tomar el control mediante una reflexión profunda, y en lo posible objetiva, para lograr las mejores decisiones, siempre considerando como punto de partida nuestros valores, y lo que queremos alcanzar; esto es, nuestro proyecto de vida. Sin embargo, menos

> *La construcción de un proyecto de vida debe ser asumida con seriedad*

obvia es la importancia que se le debe dar a las pequeñas decisiones del diario vivir, y a aquellas que se asumen en momentos coyunturales, ya que al no ser tan evidente su incidencia en nuestro futuro, la reflexión que de ellas hacemos tiende a ser mucho menor. Es por esto que si queremos tener el máximo control posible sobre nuestro futuro como un todo, y no solo en el ámbito de las relaciones románticas y de amistad, debemos prepararnos para tomar decisiones sabias en la cotidianeidad de la vida, tanto en circunstancias especiales como en esos «grandes momentos trascendentales».

La pregunta, pues, aquí es: *¿Cómo elegir la mejor opción cuando vemos asomarse las bifurcaciones en el camino?* La tarea no es fácil, pero una adecuada reflexión, y las directrices que nos proporciona tener un marco de valores y principios que nos señalan las decisiones, actitudes, acciones y reacciones que debemos asumir en nuestro diario vivir, facilitarán el apegarse a ese proyecto de vida que nos hemos propuesto llevar a cabo en beneficio propio y de quienes nos rodean.

Ante todo, no permitamos que las circunstancias, el entorno, e incluso otras personas, nos señalen el camino que debemos seguir en la vida. Tomemos decisiones conscientes y reflexivas de lo que deseamos hacer con ese regalo que nos fue otorgado. Elijamos nuestro propio camino, siendo los artífices de nuestra vida y no dejando que la negligencia o influencias externas nos roben nuestros sueños.

> *Tomemos decisiones conscientes y reflexivas*

CAPÍTULO VIII

Relaciones plenas

¿Cómo saber quién es mi media naranja? ¿Y si me equivoco al escoger mi pareja?

Del diario de un joven

Estaba tan seguro de haber oído la voz de Dios el primer día que salimos; casi de forma audible oí decir: «Ella es la mujer que tengo para ti». Desde aquel mismo día empecé a soñar con nuestro matrimonio. A pesar de nuestra juventud, decidimos casarnos tres meses después. Al cumplirse el medio año de aquella primera cita, ya éramos marido y mujer. Y ahora, dos años después, no sé ella, pero yo estoy destrozado después del divorcio. ¿Por qué Dios no me dijo audiblemente que ella no era?

«Mejor solo que mal acompañado» es una frase usada con frecuencia, por quienes, luego de iniciar una relación, se desilusionan de su pareja. Lo más preocupante es que esto suele suceder tanto antes como después del matrimonio. Y digo preocupante porque las consecuencias a nivel emocional y espiritual de un sentimiento de esta índole, después de haber contraído un vínculo tan fuerte como el matrimonio, podrían ser devastadoras.

> «Una convicción personal es mantener en la práctica lo que se ha decidido hacer».
>
> Comentario de un joven

Cuando una persona que ya se ha unido a otra experimenta estos sentimientos, deberá buscar ayuda con el fin de encontrar una solución acorde a su
situación. Sin embargo, precisamente para evitar una amarga experiencia que
lleve a tales sentimientos, se debe entonces dimensionar la trascendental importancia que tiene el noviazgo como etapa para llegar a conocer, a profundidad, a
la persona que hemos elegido para compartir, entre otras cosas, tiempo, cari-
ños y experiencias.

Aun aquellas parejas que no están pensando en el matrimonio de forma
inmediata, una vez establezcan una relación sentimental, deben buscar este
objetivo, tanto por el bienestar actual
de ambos, como también porque al
final la relación podría llevar al matrimonio.

> *Hay que dimensionar la*
> *trascendental importancia que*
> *tiene el noviazgo*

Las razones por las que hombres
y mujeres buscan establecer vínculos
afectivos románticos son variadas, como también son las características o atributos que buscan en una posible pareja. Tratar de establecer cuáles razones son
las correctas, o el tipo de características «recomendables», sería obviar la individualidad y complejidad del ser humano. Sin embargo, lo que sí podemos
hacer es tratar de establecer algunas de las motivaciones, patrones y elementos
que pueden resultar en dinámicas y vínculos poco saludables en el desarrollo
de las relaciones románticas.

Naranjas completas

Entre algunas de las motivaciones poco saludables para el establecimiento de
relaciones románticas se encuentra la búsqueda de alguien que nos haga feliz,
que nos «complete», porque en cierta
forma nos sentimos incompletos y no
hemos podido encontrar la felicidad
en nosotros mismos. Sin embargo, la
felicidad y la plenitud tienen que ver
con nuestra realización personal.

> *La felicidad y la plenitud*
> *tienen que ver con nuestra*
> *realización personal*

Cuando se le da a alguien, por más buena persona que sea, la responsabilidad de hacernos felices, estamos destinados a la desilusión. La plenitud como

personas es responsabilidad nuestra. Debemos procurar una sana autoestima, y la madurez emocional y espiritual a través de valores y principios bien definidos. También, en lo posible, debemos procurar el desarrollo de habilidades y conocimiento que nos permita el sostenimiento propio. Depender de otra persona en cualquiera de estos ámbitos es dejar ir de nuestras manos nuestro bienestar particular.

Este tipo de actitud hacia las relaciones crea codependencias que en última instancia terminarán siendo fuente de dolor, sufrimiento e, incluso, depresión. Es usual escuchar a mujeres y hombres decir que tal o cual persona no «me llena», «no me hace feliz», o bien «no es mi media naranja». Ante todo, y sin tener que depender de si tenemos o no una pareja, debemos procurar ser «naranjas completas», es decir,

> *La plenitud como personas es responsabilidad nuestra*

personas que nos preocupe alcanzar una alta autoestima, la madurez emocional y espiritual, y el sostenimiento propio. De esta forma, las relaciones interpersonales, ya sean románticas o no, se convierten en una forma de compartir nuestra propia plenitud con otros, sin que busquemos en ellas lo que debemos hurgar en nuestro interior, y lo que solo Dios puede llenar.

Por lo anterior, se debe tomar en cuenta que nadie lo puede hacer feliz a usted. Esta es responsabilidad cien por ciento suya. La felicidad no es un estado emocional de alegría constante, ni es un lugar al que se llega. Por el contrario, es un camino, una elección, una persona: la felicidad es Cristo. Jesucristo es quien lo llena todo en todo, quien nos pasa de muerte a vida, y quien nos llena de su Espíritu. Y es el fruto del Espíritu lo que refleja lo que

> *La felicidad es un camino, una elección, una persona: es Cristo*

tanto buscamos: gozo, paz, paciencia, bondad, fe, mansedumbre, constancia. Así lo dice Gálatas 5.22-23: «Mas el fruto del Espíritu es amor, gozo, paz, paciencia, benignidad, bondad, fe, mansedumbre, templanza...» Esto no lo otorga otra persona, ni lo proporciona una relación romántica. Es Dios quien lo hace.

Es cierto que podemos buscar en una relación romántica la compatibilidad y el entendimiento. Sin embargo, es definitivamente erróneo buscar ser completados por otra persona, por más buena o «perfecta» que sea o parezca. Así también, la propia búsqueda de la plenitud nos facilitará descubrir en los otros, si ponemos la suficiente aten-

ción, esa misma plenitud. Y esto nos lleva al otro punto importante que queremos tocar cuando hablamos de relaciones románticas, esto es, la búsqueda de la «persona ideal».

> *Debemos procurar alcanzar una alta autoestima, la madurez emocional y espiritual, y el sostenimiento propio*

En busca de otra naranja completa

Entre otras cosas, es posible que por razones culturales, de historia de vida, o bien emocionales, busquemos características poco sanas en las personas con las que deseamos establecer una relación romántica. «A mí me gustan los hombres de verdad», podría decir la mujer que busca al macho estereotipado, fuerte, controlador, excesivamente protector y experimentado. Este es el concepto que por generaciones una cultura patriarcal nos ha hecho creer que es «el hombre de verdad». O bien esa mujer busca al eterno conquistador, que con sus palabras dulces y «embaucadoras» despiertan sueños que se vuelven pesadillas con el pasar del tiempo.

De la misma forma, un hombre podría considerar como posible compañera sentimental únicamente a aquellas mujeres con poco criterio, sumisas y fáciles de controlar. La búsqueda de estos estereotipos, o bien de otras características que se derivan de la inseguridad (la baja autoestima, los problemas emocionales no resueltos, los arraigos culturales que desdeñan los valores esenciales del respeto, la honestidad, la equidad y la tolerancia, entre otras), con seguridad conducen a relaciones problemáticas que terminan desgastando a ambos miembros de la pareja.

Por lo anterior, es esencial buscar en el otro esa plenitud que hemos identificado cuando procuramos alcanzar nuestro propio desarrollo integral. Algunas de las características que podrían servir como señales de alerta en la selección de la pareja podrían ser:

- Baja autoestima, la que se puede manifestar en una constante necesidad de halago y reafirmación, celos, y la necesidad de controlar e imponer el propio criterio u opinión.
- Poca valoración del ser humano, expresada en actitudes de menosprecio hacia otros, especialmente de personas en condiciones de vulnerabilidad.
- Carácter explosivo, poco control de las emociones, especialmente cambios abruptos de estado de ánimo, como períodos de ira luego de una hilaridad excesiva.
- Desdeño de valores y principios universales como son la fidelidad, el respeto, la tolerancia, la colaboración y la equidad.
- El ensimismamiento excesivo, dificultad para compartir con otros los propios sentimientos, y una tendencia a mantener en secreto aspectos de la historia de vida o experiencias personales pasadas.
- Tendencia hacia una continúa demanda del otro en términos de tiempo, atención y cuidado.
- Abuso de drogas, alcohol, o bien alguna otra adicción.
- Inmadurez emocional en relación a la etapa de vida por la que se transita.

> *Es importante buscar en el otro esa plenitud que hemos identificado cuando procuramos alcanzar nuestro propio desarrollo integral*

Si reconocemos al menos una de estas características en la persona con la que tenemos o pensamos tener una relación sentimental, es importante reflexionar sobre las consecuencias que continuar, o iniciar esta relación, podría traernos en el mediano y largo plazo. Nunca es demasiado pronto para evitar involucrarse en una relación dañina. Al gusto hay que añadirle inteligencia. La atracción física, el deslumbramiento pasajero y el «amor a primera vista» como elementos únicos en la selección de pareja, aun en una relación de noviazgo, podrían tener consecuencias lamentables en términos de nuestro propio bienestar y construcción de nuestro proyecto de vida.

Las relaciones interpersonales, y en especial las sentimentales, deben tener como premisa que su dinámica impulse aun más nuestro desarrollo y bienestar integral. Esto nos lleva a plantearnos cuáles deberían ser las características de una relación de noviazgo saludable.

> *Nunca es demasiado pronto para evitar involucrarse en una relación dañina*

Dos naranjas completas rodando juntas

«La persona con quien estoy, mi compañera… mi novia, si tiene las mismas convicciones, entonces podemos ayudarnos mutuamente».

Comentario de un joven

Esta frase bien puede describir, a manera de analogía, las relaciones que podrían llegar a ser constructivas. Dos personas plenas que se comparten a sí mismas con miras al crecimiento personal, son el principio de una relación que bien podría deparar mucha satisfacción y plenitud a ambos miembros de la pareja.

Algunas de las características que bien describen una relación de noviazgo saludable son:

➢ Una excelente comunicación. Ambos miembros se sienten en libertad de expresar sus sentimientos, aspiraciones y expectativas sin ningún temor. No se hacen presuposiciones sobre las actitudes, reacciones o formas de expresarse del otro. Hay una tendencia a aclarar las dudas e inquietudes que pueden surgir en el trato diario, y en temas o asuntos de mayor trascendencia.

➢ La relación está caracterizada por la libertad de acción. No se limita ni restringe la actividad del otro. Por ejemplo, la interacción con familiares y amigos, y la práctica de deportes u otras actividades de interés o esparcimiento que no necesariamente se realizan en conjunto con el otro.

> *Una relación constructiva se compone de dos personas plenas compartiendo con miras al crecimiento personal*

> Se comparten valores y principios similares como guía de la actitud con que se enfrenta la vida.

> Los proyectos de vida de ambos no son diametralmente opuestos. Hay al menos algunos puntos de coincidencia sobre los cuales se podría a fin de cuentas construir un proyecto de vida conjunto.

> La relación está mediada por los valores fundamentales de la fidelidad, el respeto, la consideración, la tolerancia y la equidad, entre otros.

Si usted es una persona que ha decidido estar mejor sola o solo que mal acompañado, ¡felicidades! Usted está bien ubicado en el camino de la realización personal y del establecimiento de relaciones sentimentales sanas.

CAPÍTULO IX

Ser humano y sexualidad

¿Por qué razón disfrutar del erotismo podría ser malo para mi espíritu antes del matrimonio, pero después no?

Del diario de una joven

*E*stuve con él desde que tenía diecisiete años. Desde el principio sabía que era casado. Pero era solo un juego del cual no pude salir. No fue algo que quise; no sabía lo que hacía; los dos nos enamoramos, creo. Empecé a sufrir muchas depresiones al darme cuenta de que lo quería más que a mi vida. Han pasado los años, y sus continuas mentiras hacen que me sea casi imposible creerle a otro hombre. No pude rehacer mi vida con nadie más. No creo en la palabra de otros. Por él me quedé sin amigos y amigas, y lo peor es que después de doce años quedé embarazada. Ahora no quiere hablar conmigo; no quiere hacerse responsable de nuestro hijo.

❧

Hoy día hay muchísima información acerca de la sexualidad. Es un tema de interés para la mayoría de las personas. Eso no quiere decir que toda la información disponible sea correcta. Como hemos enfatizado, usualmente, lo que algunas personas, la industria del entretenimiento, el comercio o medios de comunicación, trasmiten sobre el tema genera confusión y dudas.

> *La sexualidad no es algo que se pueda ubicar como un elemento aparte de la totalidad de una persona*

Al hablar de sexualidad, es necesario referirnos a la humanidad y su naturaleza en un sentido más amplio y, a la vez, más profundo. La sexualidad no es algo que se pueda ubicar como un elemento aparte de la totalidad de una persona. Las diversas áreas que componen la existencia humana son inseparables y se influyen mutuamente. Podríamos hablar de tres dimensiones básicas del ser humano: la dimensión física —biológica—; la dimensión espiritual, y la dimensión psicológica: pensamientos, conductas y emociones. Cuando hablamos de sexualidad, estamos tocando un tema que influye fuertemente en estas tres áreas.

¿Qué es cada dimensión?

1) **La dimensión física**: Se refiere a todo lo relativo al cuerpo, cómo funciona, su etapa del desarrollo, qué cosas lo afectan y las sensaciones de dolor, placer, y acción-reacción.

2) **La dimensión psicológica**: Comprende los sentimientos, las creencias, las atribuciones y las expectativas con respecto a uno mismo, al mundo y a los demás. Comprende también las reacciones emocionales que se experimentan ante ciertas situaciones, como los comportamientos. Por ejemplo, el enojo que se siente ante una situación injusta, o la alegría ante la compañía de alguien que se considera valioso y atrayente.

3) **La dimensión espiritual**: Se refiere a la parte que alimenta y fortifica al ser humano. Se trata del principio vital en el que se toman las propias decisiones, y en donde radica la libertad y la voluntad. Esta dimensión se alimenta de una relación personal con Dios, y determina los principios pertinentes para decidir acerca de los comportamientos buenos o malos, según una escala de valores que hemos decidido aceptar como verdadera.

Cada una de esas dimensiones de la vida actúa en forma simultánea y dinámica con las demás. Pretender que las cosas afecten solo una de esas áreas es engañoso, y en muchas ocasiones

> *Cada una de esas dimensiones de la vida actúa en forma simultánea y dinámica con las demás*

puede implicar la experimentación de vacío existencial, decepción o confusión, ya que las diferentes experiencias de la vida afectan al ser humano en forma integral. Aun más, debemos comprender que la sexualidad también afecta al área social. A propósito de esto, recuerdo aquella ocasión en que, al terminar un seminario, una joven de tan solo dieciocho años expresó: «Si me hubieran dicho antes que mi sexualidad no solo tiene que ver conmigo, sino también con las personas que amo, no habría participado en relaciones sexuales. Me encontraba en la cocina de mi casa informándole a mi mamá que estaba embarazada. De repente entró mi hermano de nueve años, por lo que fue el momento para contarle a él la situación. Sus lágrimas comenzaron a correr y fui consciente de lo que había hecho. Me dijo: "Eras mi héroe, ¿por qué me has hecho esto a mí?" Entonces comprendí que lo genital no solo tiene que ver conmigo, sino también con las personas que más amo».

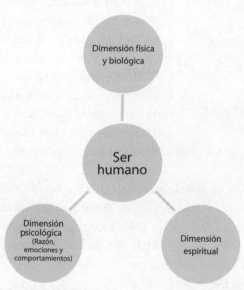

Hemos utilizado el término «persona completa» para describir a quienes procuran el desarrollo de todas las dimensiones de su ser, con el fin de alcanzar su bienestar. De esta forma podemos decir que una persona es completa cuando se acepta, se ama y se valora a sí misma, pero a la vez tiene la posibilidad de establecer y mantener relaciones interpersonales saludables como manifestación de ser completa.

Una de las dimensiones que a menudo se excluye cuando pensamos en bienestar, es la espiritual. No es hasta que nos reconocemos y entendemos como hijos e hijas de Dios que podemos verdaderamente comprender cuál es la fuente vital que nos da la fuerza, la voluntad y el discernimiento para tomar las mejores decisiones y vivir una vida plena. De esta forma, tenemos la posibilidad de trascender la necesidad de gratificación momentánea, los deseos egoístas y las relaciones interpersonales.

> *Una persona es completa cuando se acepta, se ama y se valora a sí misma*

Este reconocimiento de Dios como Padre eterno, de Jesús como nuestro Salvador personal y modelo de vida, y del Espíritu Santo como ayudador en la cotidianeidad, nos habilita para enfrentar las disyuntivas que se nos presentan en todas las áreas de nuestro ser, incluyendo la forma en que vivimos nuestra sexualidad.

> «La vida todos los días nos reta. Mientras tengamos nuestra fe depositada en Dios, es posible decirle: "Dios, esto es difícil", "Dios, me cuesta, pero confío en que me ayudas"».
>
> Comentario de un joven

Cuando amo a Dios con todo mi corazón, cuando reconozco a mi Creador, y acepto de forma consciente y confiada que Su guía es la única forma en que el ser humano puede encontrar la plenitud, entonces es posible comprender quién soy y cuál es la mejor forma de vivir.

De esta manera es posible encontrar una respuesta sencilla a la reiterada pregunta de cómo realizarse en la vida: el ser humano encuentra realización dejándose amar y transformar por Dios. Amar a Dios nos potencia para amarnos a nosotros mismos, ya que somos su creación, y aun más, sus hijos e hijas. Y este amor hacia nosotros mismos se traduce en aceptación, valoración y agradecimiento por nuestros dones y virtudes. El foco de atención ya no es lo que *no* soy o *no* tengo, sino un eterno agradecimiento por lo que me ha sido otorgado. Así también, amar a Dios pone en perspectiva el discurso del mundo circundante, la exacerbación de lo físico y lo material, y el éxito, según estos estándares. Así las cosas, es

> *Trascender la necesidad de gratificación momentánea, los deseos egoístas y las relaciones interpersonales*

entonces posible entender que la verdadera belleza y la valoración personal no dependen de la apariencia ni del estatus social, sino del asombroso hecho de haber sido creados a imagen y semejanza de Dios, y del privilegio de que, a través del sacrificio de Jesús, ahora somos sus hijos e hijas.

> *Amar a Dios nos potencia para amarnos a nosotros mismos*

La comprensión de esta eterna verdad, y la plenitud que en ella se encuentra, se traduce en una forma de ser, actuar y proyectarse que, de forma particular, y de acuerdo a nuestra individualidad, refleja un brillo común a todos quienes creen y aceptan esta verdad y, por lo tanto, son completos. Cuando una persona está completa es bella, porque luce sus mejores virtudes con un agradecimiento profundo hacia el Creador. Tiene un brillo que le hace ser atractiva a las otras personas.

Con el fin de aclarar estos conceptos podemos decir que, a menudo, las personas que no han encontrado esta plenitud se caracterizan, entre otras cosas, por establecer relaciones poco saludables. Así también es posible que experimenten la necesidad imperiosa y casi enfermiza de establecer vínculos con otras personas por sentir cercanía y aceptación de los demás, aunque tengan que transgredir sus propios valores. Los que no han encontrado la plenitud de vida sufren de una baja autoimagen, por lo que continuamente se comparan con los otros y necesita demostrar su valor de alguna forma.

> «La fe es algo dinámico. Porque uno tiene fe en Dios, esa fe lo ayudará a uno. Sin embargo, al mismo tiempo, la parte dinámica de la fe es que uno debe ejercitarla con Dios. Yo creo que eso es una comunicación».
>
> Comentario de un joven

Por el contrario, una persona completa es la que se reconoce como creación de Dios, Su pensamiento hecho carne. Por lo tanto, reconoce todo su valor, pues sabe que Dios le diseñó. Una persona completa puede verse a sí misma con agrado, y esto tiene poco que ver con sus características físicas o el estereotipo social de la belleza. Más bien tiene que ver con su autovaloración y aprecio. Una persona completa no mendiga amor, ni lo arrebata con fines puramente utilitaristas. Por el contrario,

> *Cuando una persona es completa, es bella*

suele dar amor de forma desinteresada, franca y sincera. Una persona completa sabe lo importante que es su proyecto de vida, y lo cuida, y hace todo lo necesario para avanzar en la consecución de los planes y las metas que se ha propuesto. Una persona completa establece relaciones lo más racionales posibles, en lugar de fundamentar sus relaciones en emociones o idealizaciones.

> *Una persona completa es la que se reconoce como creación de Dios*

Las razones por las cuales una persona no logra desarrollarse hasta alcanzar la plenitud son múltiples. Sin embargo, cada individuo decide si vive en el pasado, como sería lamentarse por no haber sido mejor valorado por sus padres, o resentirse por los maltratos que recibió de sus padres cuando niño. Sin lugar a duda, todas estas experiencias son dolorosas y tienen un gran peso en la forma en que nos desarrollamos. Pero ahora nos toca decidir dejar atrás el pasado y buscar la sanidad interior. Se debe perdonar, y escoger amarse a uno mismo y a los demás, y sobre todo buscar la fuente de ese amor incondicional que cubre toda falta: el amor de Dios. Esto es tomar control de la propia vida mediante la renovación de la mente.

> «Me enamoré embrutecidamente, a pesar de que quería servirle a Dios, ser fiel y no hacer nada en contra de los valores y principios que nos mandó a vivir. Igual, quedé embarazada y perdí el bebé. No me importaba nada, yo solo quería complacer a mi novio».
>
> Comentario de una joven

Hace algunos años una joven me comentó que deseaba encontrar a un hombre que le diera los abrazos que su papá no le dio. Esto es un ejemplo de las cosas que debemos perdonar y dejar atrás en el pasado. Ella nunca va a encontrar un hombre que tome el lugar de su padre; no existe tal persona. Este tipo de carencias es la que tenemos que aprender a resolver internamente. En el caso de esa joven, no resolver su necesidad, y trasladarla a una relación de noviazgo o matrimonio, podría llevarla a establecer relaciones de codependencia. Casi sin darse cuenta, podría llegar a enfrentar incluso situaciones de maltrato. Es posible

> *Deje atrás el pasado y busque la sanidad interior*

que esté dispuesta a aceptar vivir subyugada con tal de sentir suplida esta fuerte necesidad de sentirse amada por una figura paterna.

En páginas anteriores les he mencionado al conquistador y al mendigo de amor. Sin lugar a duda, las personas que abordan las relaciones románticas en alguna de esas dos formas, no han logrado desarrollarse de una forma integral y, por consiguiente, no han sabido buscar su plenitud.

El conquistador probablemente disfrute de su reputación de Don Juan, y se alimente de ella para elevar su autoestima. En su haber es posible que acumule una pila de relaciones rotas que, lejos de considerar como fracasos, las asume como éxitos: conquistó, obtuvo su «trofeo»,

> «Mis tentaciones con respecto a la sexualidad son un hombre alto que me abrace. Por eso creo que influye mucho el querer satisfacer los gustos. Al rato, incluso influyen para mal, porque se deshace uno al estar con una persona que le gusta».
>
> Comentario de una joven

y luego abandonó esa conquista para continuar con su próximo «proyecto», a fin de mantener su imagen, lo que él considera que le da valor. De forma paradójica, estas personas casi siempre se muestran muy seguras de sí mismas, suelen cuidar su apariencia con esmero e incluso se desenvuelven con gran soltura. Sin embargo, en el fondo también tienen una inmensa carencia de amor por sí mismas, y su egoísmo y necesidad de autocomplacencia que los hace atropellar a otros para satisfacer sus deseos, les impiden amar a los demás. De esta forma, también son víctimas de la ignorancia, de una miopía emocional y espiritual que les impide ver más allá de su desenfrenado deseo de conquistar y de poseer.

La belleza, reflejo de nuestro bienestar integral

Cuando hablamos de la necesidad de que el ser humano se conciba como un ente integral, y reconozca la necesidad de desarrollar cada una de las dimensiones de su ser, hay muchísimos temas relacionados que merecen ser comentados. No obstante, al hablar con jóvenes, uno de los temas que sobresale es el de la belleza concebida como un atributo

> *El conquistador en el fondo también tiene una inmensa carencia de amor por sí mismo*

«Desgraciadamente mucha gente vive la vida loca, y en la edad adulta, cuando están mayores, pues piensan que disfrutaron bastante, y que ya la adultez es para madurar. Yo pienso, ¿por qué no podemos ser prudentes desde jóvenes? ¿Por qué vivir libertinamente para luego a los setenta u ochenta años empezar a sufrir las secuelas, y ahí sí empezar a tomar mejores decisiones?»

Comentario de un joven

meramente físico, y con un ideal bastante estandarizado. Por esta razón, considero que reflexionar sobre ella puede ser de ayuda para una mejor comprensión de la forma en que nos percibimos y percibimos a los demás, y de cómo esto tiene una relación directa con nuestra autoimagen y la forma en que nos relacionamos con el otro.

En la actualidad, la industria del entretenimiento, de la moda, de los cosméticos y, en general del comercio, promueve, de forma global, a través de los medios de comunicación, un concepto de belleza fundamentado en la apariencia física. Lo único que la promueve son características muy puntuales y poco realistas para la mayoría de l<as mujeres, hombres, niños, niñas y adolescentes, los cuales consumen casi de forma inconsciente el constante bombardeo publicitario que «implanta» esta construcción mutilada de lo que es la belleza.

De esta manera, aquellos que no calzan en este patrón de belleza sufren cada vez más de un sentimiento de disconformidad con su propia imagen, lo que en última instancia deteriora su autoestima. Pero, entonces, ¿qué es la belleza? Y aun más, ¿debería ser ella una aspiración en nuestra vida?

La belleza ha sido tema de reflexión a lo largo de la historia por parte de filósofos, teólogos, artistas y científicos, entre otros. Ahora bien, dos concepciones de la belleza son, la subjetiva y la objetiva. Cuando se habla de la belleza como una realidad objetiva, el objeto observado posee belleza en sí mismo. En la antigüedad predominaba esta tendencia. Se trata de una estética que toma la simetría como principio básico, y que privilegia el orden, la pro-

Dos concepciones de la belleza: la objetiva y la subjetiva

porción y la medida para determinar la belleza de los objetos. Por supuesto, esta percepción remite al aspecto puramente físico. La belleza subjetiva es aquella que existe primero en la mente de quien percibe un objeto de apreciación. De esta forma, los objetos no poseen belleza en sí mismos, sino que es el observador el que les da esa cualidad.

Considero que la mejor forma de entender el concepto de belleza es haciendo un cotejo entre su concepción subjetiva y objetiva. Así podemos hablar de una belleza absoluta, que es la que posee Dios, y que se hace manifiesta en Su creación, Sus atributos y Su amor por la humanidad. A la vez reconocemos que el concepto de belleza, especialmente en su dimensión estética, puede variar, sobre todo de cultura a cultura y de época a época.

> *La sociedad actual promueve una construcción mutilada de lo que es la belleza*

Cuando se trata de determinar la belleza humana, siendo que somos seres integrales, reducir la belleza a una cuestión de proporciones y medidas resulta inadecuado. La belleza involucra mucho más que el aspecto físico de acuerdo a la tendencia de una época y cultura. La belleza emocional y espiritual son los elementos más trascendentales que completan este concepto. De esta forma, podemos hablar de una belleza integral, la cual solo es perceptible por el observador sensible capaz de apreciar tanto la estética exterior como la belleza interior, y descubrir así la belleza integral de las personas en toda su magnitud.

> *La belleza involucra mucho más que el aspecto físico*

Este mismo principio aplica cuando apreciamos nuestra propia belleza. No podemos limitarnos al aspecto puramente estético, y peor aún, al aspecto relacionado con aquello que nos dictan los demás para «medir» nuestra belleza. Debemos preocuparnos por cultivar todas las áreas de nuestro ser a fin de lograr una belleza integral que se constituya en fuente de nuestra autoimagen. Sin embargo, nuestra motivación no debe ser, de forma alguna, obtener el reconocimiento o apreciación de los demás; es decir, procurar la belleza integral en función de las otras personas.

> *Debemos preocuparnos por cultivar todas las áreas de nuestro ser*

Hace algunos años leí la entrevista que le hicieron a la modelo internacional, Inés Rivero. En aquel momento le hicieron esta pregunta: «Se ha tildado el modelaje como un mundo frívolo, ¿es así?» A esta pregunta ella respondió: «Lo malo es que algunos solo ven lo que está afuera, y en realidad hay muchas cosas por dentro que se necesitan para alcanzar el éxito. Yo creo que es muy difícil triunfar si uno no es realmente bella por dentro. La gente piensa que para ser modelo o para triunfar hay que ser bella por fuera, claro que hay que cuidarse físicamente. Pero, si uno no cultiva su belleza interior no puede ir muy lejos».

> *Debemos procurar la autoaceptación, la autovaloración y el autoaprecio*

Esa belleza interior de la que Inés Rivero habla es una que se cultiva a partir de la autoaceptación, la autovaloración y el autoaprecio. Yo me amo, me aprecio, me valoro y, además, busco la realización. De esta manera soy una persona completa en mí misma, plena, y capaz de establecer relaciones interpersonales saludables.

Si una persona no busca su plenitud por sí misma, buscará completarse a través de otra. Necesita continuamente de cumplidos, atenciones y muestras de cariño de los demás para sentirse segura y bella. O bien necesita reafirmar su valor poseyendo al otro. A menudo estas son las razones por las que muchas personas tristemente parecen tenerlo todo y aun así se sienten solas, abandonadas, incompletas, insatisfechas, y así por el estilo. Es importante que logremos conocernos, aceptarnos, amarnos y valorarnos. Si alguien quiere ser bello de verdad, tiene que buscar ser una persona de la que brote una personalidad alegre, realizada, segura, confiada.

Poseer las proporciones perfectas indudablemente provoca la apreciación de otros. Sin embargo, una persona estéticamente atractiva puede bien no ser bella. La belleza, tal como lo mencionamos, se extiende a lo emocional y lo espiritual. Algunas características de una persona bella y plena son:

> *Debemos conocernos, aceptarnos, amarnos y valorarnos*

- Tiene un gran amor propio.
- Su norte en la vida consiste en amar a Dios con toda su mente, con todas sus fuerzas y con todo su corazón, y amar a su prójimo de la forma en que ella misma se ama.

- No es fácilmente influenciable, ya que forma sus propias opiniones acerca de la realidad que la circunda.
- Tiene muy claros los principios y valores que guían su vida.
- Tiene la capacidad de tomar las mejores decisiones en los distintos ámbitos de la vida, a partir de la valoración y la reflexión.
- Tiene dignidad y valentía para protegerse a sí misma y a quienes ama, y defender sus derechos, principios y valores.
- Su trato con los demás es agradable.
- No tiene dificultad en perdonar, y no guarda rencor ni resentimiento.
- No persigue el poder ni la riqueza y, por lo tanto, no se deja corromper para obtenerlos.
- Sabe reconocer sus limitaciones, y así también sus dones y virtudes.
- Practica la excelencia en lo que hace y siempre busca superarse.
- Es respetuosa, bondadosa y modesta.
- Es considerada y noble.
- Es justa y generosa.

David Hume, filósofo escocés del siglo XVIII, decía que «la belleza de las cosas existe en el espíritu de quien las contempla». Esta frase cobra especial relevancia cuando abordamos el tema de la belleza integral y de la necesidad de afecto y aprecio de los demás. «No es bueno que el hombre esté solo» (Génesis 2.18), dijo Dios al reconocer que Adán necesitaba de una compañera. Esta es justamente la necesidad que el ser humano intenta llenar cuando busca una pareja.

Sin embargo, a partir de la inseguridad y baja autoestima, es usual que busque reafirmación y aprobación en las relaciones interpersonales que establece, y especialmente en las románticas. Así las cosas, a veces se escoge como compañero o compañera a aquella persona que sabe cómo halagarnos y hacernos sentir hermosos, inteligentes y valiosos.

> Se deben establecer relaciones con personas que también posean belleza integral y plenitud

No obstante, la experiencia lo dice: el zalamero usualmente es tan superficial como sus comentarios. Es por esa razón que es de vital importancia que los jóvenes, y en general todas las personas, no solo procuren la belleza integral y la plenitud, sino que también busquen establecer relaciones con personas que posean esos mismos atributos.

Solo las personas con el espíritu y la sensibilidad para reconocer en otros estas virtudes, son capaces de amarse a sí mismos y a los demás de forma correcta. Recuerden siempre que la capacidad que tengo para amar a los demás es la capacidad que he desarrollado para amarme a mí mismo.

> *La capacidad que tengo para amar a los demás es la que he desarrollado para amarme a mí mismo*

CAPÍTULO X

El amor

¿Qué es el amor y cómo puedo reconocerlo?
El amor es una decisión, pero es duro decidir no amar.

Del diario de una joven

Hace quince años me enamoré profundamente de una persona y tuvimos una hija. Ninguno de los dos conocíamos de Dios. Mi pareja era un borracho y mujeriego. Terminamos separándonos, fue una decisión muy dolorosa para mí porque lo amaba mucho. Seis años después me uní con quien ahora es mi pareja, y tenemos un bebé. Sin embargo, todos estos años he extrañado al otro. Hace unos meses nos volvimos a ver. Él ha cambiado dramáticamente. Ahora es cristiano. Sé que me estuvo buscando por mucho tiempo. Lo primero que hizo cuando nos vimos fue pedirme perdón por todo lo malo que había pasado entre nosotros. Lloramos porque sentimos que aún existe entre los dos ese sentimiento que no supimos cuidar, y tanto él como yo lo extrañamos. Sin embargo, cada uno tiene su propio hogar. ¡Si tan solo hubiéramos tenido a Cristo en nuestras vidas! ¡Cuánto quisiera haber salvado mi relación con el hombre a quien tanto amo!

Me siento confundida. Estoy segura de que Dios perdona, porque existe el arrepentimiento, y porque le agrada vernos reconciliados. Sé que el amor perdona todo, y que cuando existe amor verdadero, permanece y perdura.

Yo he decidido hace ya varios días no hablarle por teléfono. Sabemos que aún, con todo lo que sentimos, debemos separarnos definitivamente. Dicen que amar es una decisión y he tratado de dejar de amarlo. Sin embargo estos sentimientos perduran, saber que un día pudo haber sido pero que ahora estamos cada uno con su *pareja es muy difícil de entender y yo quisiera tener un poquito de esperanza, de consuelo. Es tan diferente la teoría y la práctica en cuanto a este tema.*

∽

Cuando se habla de amor, es importante también reconocer que, como todo aspecto inherente al ser humano, debe ser tratado desde una perspectiva integral. Aunque casi siempre se habla de cuatro manifestaciones de amor, consideramos que, al igual que en las distintas dimensiones del ser humano, no hay una separación tajante de cada una de ellas en la experiencia humana de amar a otros.

> *El amor debe ser tratado desde una perspectiva integral*

La palabra *storgos*, en griego, se refiere al «afecto natural». Se relaciona con valores como la solidaridad y la empatía. Es el tipo de amor que impulsa al ser humano a dar protección y ayuda a los demás, especialmente a quienes lo necesitan. La ayuda al desvalido, o bien lo que se ha llamado «instinto» de madres y padres de proteger a sus hijos, también tiene implicaciones de preservación en el ser humano.

Eros es la palabra que se usa en griego para el afecto que tiene que ver con la atracción sexual o erótica. Tiene que ver con el aspecto físico y está muy relacionado con lo puramente romántico.

El amor denominado como *philos* se usa en griego para describir el afecto que surge en el marco de la amistad. Se da dentro de una relación cercana en la que las personas disfrutan la compañía de unos y otros.

Por último, se usa la palabra *ágape* para describir el amor de Dios hacia el ser humano. Este amor es absoluto, eterno, incondicional y perfecto, ya que es la forma en que Dios ama, y su descripción puede resumirse, como lo habíamos mencionado, en la cita de 1 Corintios 13:

> «Yo percibo que todos tenemos dones diferentes, y eso es lo que tenemos que explotar y aprovechar al ponerlos al servicio de los demás. Por lo tanto, debo conocer mi virtud, mi vocación. Este conocimiento me hace crecer y ser una mejor persona, un mejor cristiano y un mejor ciudadano».
>
> Comentario de un joven

➢   *El que ama tiene paciencia en todo y siempre es amable.*
➢   *El que ama no es envidioso, ni se cree más que nadie.*
➢   *No es orgulloso.*
➢   *No es grosero ni egoísta.*
➢   *No se enoja por cualquier cosa.*
➢   *No se pasa la vida recordando lo malo que otros le han hecho.*
➢   *No aplaude a los malvados, sino a los que hablan con la verdad.*
➢   *El que ama es capaz de aguantarlo todo, de creerlo todo, de esperarlo todo, de soportarlo todo.*

Ahora bien, al principio decíamos que hay relaciones interpersonales que son muy claras en cuanto a la forma de interactuar y los sentimientos que despiertan. Por ejemplo, *storgos* es la palabra a enfatizar cuando hablamos del amor que tenemos para nuestros padres, hermanos o primos, aunque puede haber matices de *philos* en la relación que sostenemos con ellos. Lo que definitivamente no hay es un tono de *eros* en esas relaciones y, si lo hubiese, estaríamos hablando de una patología.

> *Una amistad fundamentada en el respeto, la consideración y la honestidad*

Al hablar de las relaciones que establecemos con personas del sexo opuesto, fuera del círculo familiar, podría ser que presente matices de *storgos*, *philos* y *eros*. Así las cosas, cuando hay atracción física, y se ha desarrollado una amistad cercana, fundamentada en el respeto, la consideración y la honestidad, esta relación se puede profundizar hasta llegar a ser satisfactoria y plena con todo el potencial para constituirse en un compromiso de por vida. Ese amor romántico que nace entre un hombre y una mujer, y que expresa su mayor unidad en la intimidad sexual, en cierta manera es reflejo de algo mucho más trascendental. Philip Yancey siguiendo esta línea de pensamiento propone lo siguiente:

El sexo representa esa unión que acopla el cuerpo y la mente en una clase de realización que no se conoce de otra manera [...] Nos hacemos vulnerables. Nos arriesgamos. Damos y recibimos en una acción simultánea. Sentimos una alegría primigenia al entrar en comunión con el *otro*. De manera muy literal, hacemos una carne de dos personas diferentes, experimentando por breve tiempo una unidad sin igual. Dos seres independientes abren sus más íntimos egos y experimentan no una pérdida sino una ganancia. En cierta forma —un «profundo misterio» que ni siquiera Pablo osó explorar— este acto sumamente humano revela algo de la naturaleza de la realidad, la realidad de Dios en sus relaciones con la creación y quizá dentro de la Trinidad misma.[1]

Es posible que se considere que esto es una «idealización» de las relaciones coitales. No sería extraño, ya que continuamente oímos una versión distinta. En la sociedad actual se ha identificado la energía sexual referida solamente al impulso biológico, a la atracción física, al deseo de lo genital y como una potente fuerza que facilita la promoción de mercancías. Las distintas industrias nos bombardean con imágenes, frases, modas y hábitos que distinguen y enaltecen la manifestación exclusivamente erótica del amor. Sobre esto, el mismo autor nos advierte:

Los seres humanos experimentan el sexo como un encuentro personal, no solo como un acto biológico. Somos la única especie que regularmente copula frente a frente, de modo que los compañeros se observan mientras se aparean, y tienen total contacto corporal… Los humanos no hacemos el amor con un cuerpo, sino con una persona […] Con desesperación queremos relacionarnos y crecer en intimidad personal incluso cuando avanzamos en la intimidad sexual. Queremos que nos conozcan y nos amen totalmente. Cuando eso no ocurre, o se rompe el frágil vínculo, simplemente se prueba que en las relaciones sexuales, como en todo asunto de la vida, la humanidad caída estorba y nos impide comprender el ideal […] La tecnología ha permitido a la sociedad moderna separar el deseo sexual de la relación personal. En el sexo relacionado, el deseo físico surge en vivo con la intimidad personal. En la lujuria moderna las personas se sientan en cubículos de oficinas a observar a desconocidos que se desnudan y hacen el amor.[2]

Desvirtuar y reducir de esa manera el amor de pareja, el amor romántico, nos confunde y nos lanza en una espiral de mentiras y engaños que se traducen en proyectos de vida truncados por embarazos no deseados, enfermedades de transmisión sexual, divorcios, infidelidad, promiscuidad y, sobre todo, en hom-

> *El amor no se impone. El amor es una decisión libre y voluntaria*

bres y mujeres que experimentan día a día la profunda soledad. En hombres y mujeres que ven sus sueños derrumbarse, y que caminan por la vida con sus emociones y sentimientos de alguna forma mutilados.

Dicho lo anterior, reconocemos entonces que el amor ágape, el amor de Dios hacia las personas, es ese que se manifiesta como acción en la forma en que Jesús ama al mundo. De ahí que, en nuestras relaciones interpersonales, ya sean familiares, de amistad o románticas, debemos preguntarnos de forma constante: ¿Cómo amó Jesús?

Cristo amó respetando. Nunca se impuso. Aun a sus discípulos no les impuso seguirle. Los invitó a hacerlo, y en algún momento abrió la puerta para que tuvieran la libertad de partir.

> «Y entonces ahora he entendido que el Señor nos quiere totalmente libres».
>
> Comentario de una joven

De aquí que el amor no se impone. El amor es una decisión libre y voluntaria de ambas partes, una decisión que se renueva todos los días, aun cuando se haya hecho un pacto de compromiso de noviazgo o matrimonio.

El amor es sacrificial. Quien busca amar como Jesús, se pone la toalla en la cintura y lava los pies del otro, sin que esto le haga sentir servil. El amor de Cristo, el amor ágape, es un amor que no posee, que no establece jerarquía. Jesús nos enseña que el amor es servicio, es entrega.

El capricho y el «amor» a primera vista

> *El amor es servicio, es entrega*

Contrario al amor está el capricho, y este es la distorsión más aberrante del amor. El capricho se impone, es celoso, posee, es egocéntrico, egoísta y busca la satisfacción de los propios deseos. El que siente capricho en lugar de amor, se centra en lo que quiere, sin prestar mayor atención a las necesidades del otro.

El discurso del caprichoso en cuanto a la sexualidad por lo general gira en torno a la necesidad de probar antes de establecer un compromiso duradero, ya que se debe explorar si se es compatible sexualmente. Para algunos, este discurso podría parecer válido; sin embargo, se contrapone al amor concebido a partir del ejemplo de Jesús. El amor es respetuoso, procura el bien de

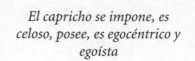

El capricho se impone, es celoso, posee, es egocéntrico y egoísta

su pareja, trae honor a la relación, fortalece la dignidad y jamás va en contra de los valores ni de la libertad de la otra persona.

Es probable que quienes saltan de una relación a otra, movidos por el capricho, prefieran mantener sus relaciones en oculto. Las interacciones con el otro giran en torno a la complacencia de los deseos eróticos. Los demás aspectos de una relación sana, como son la amistad y el esmero por conocer y entender al otro, son irrelevantes.

«La sexualidad es la forma en la que se dan las relaciones entre personas. No tiene que estar enfocada principalmente en parejas ni en novios para que se logre dar».

Comentario de un joven

Saber reconocer el capricho en otros, es uno de los primeros pasos para establecer relaciones saludables y duraderas. Cuando media el amor en una relación, cada miembro de la pareja se interesa por todo lo que tiene que ver con ella: gustos, anhelos, familia, valores, costumbres, proyecto de vida, entre otros. Es por esta razón que no puede haber amor en una noche romántica caminando por la playa cuando acabamos de conocer a alguien. Es posible que haya atracción, y es hermoso lo que se siente, pero no puede confundirse con el amor. Eso sería subestimar lo que verdaderamente significa amar. Sin lugar a duda es una emoción que se disfruta, pero habrá que ir más allá en el conocimiento del otro para pensar en establecer una mayor cercanía emocional y física.

El amor fortalece la dignidad de la otra persona

Llegar a confundir el amor con la atracción y el deseo sexual de un momento romántico puede dejar secuelas para toda la vida. Es posible salir lastimado emocionalmente de ese momento romántico, o convertirse en madre o padre de un niño, o contraer una enfermedad de transmisión sexual que puede incluso arrebatarnos la vida.

Hace poco escuché la historia de una joven que, «chateando» por Internet encontró a un antiguo compañero de estudios. Deciden reencontrarse e inmediatamente se involucran en una relación de noviazgo fundamentada en las relaciones sexuales. A la muchacha le parecía que era una relación casi perfecta, idílica. Sin embargo, al poco tiempo se da cuenta que comparte a su novio con otras dos chicas. Por apresurarse, no se dio cuenta en qué se había convertido su antiguo compañero. El capricho se apresura, pero el amor piensa y toma el tiempo necesario para dejar que la amistad crezca.

> *Llegar a confundir el amor con la atracción y el deseo sexual de un momento romántico puede dejar secuelas para toda la vida*

Me pareció oportuno comentarles esta historia ya que actualmente está de moda establecer relaciones o reencontrarse en sitios de Internet. Es interesante que hombres y mujeres acepten de forma tan ingenua lo que otros dicen de ellos mismos en estos espacios. Sin lugar a duda, hay gente honesta buscando sanamente relaciones de amistad o románticas, sin embargo esta podría no ser la constante.

Es indispensable actuar con cautela si es que usamos la Internet para conocer personas. Hemos de reflexionar y poner nuestra inteligencia en acción al tratar de evaluar las verdaderas intenciones de quienes interactúan a través de esta herramienta tecnológica. Por ejemplo, si es una persona de edad madura, podemos preguntarnos, ¿por qué no se ha casado? O bien, ¿cuáles fueron los motivos de su divorcio? Indague, haga preguntas claves y, sobre todo, tome el tiempo necesario para conocerla. Establezca una

> «En el momento que se dan las presiones y llegan oportunidades que no son correctas, es cuando se pone a prueba lo que uno cree y piensa. Entonces aquí es donde la fe entra en juego. Uno debe entender que seguir los principios y valores cristianos cada vez se torna más difícil, porque cada vez la presión es mayor, pero que en Dios uno puede seguir adelante».
>
> Comentario de un joven

relación de amistad que le permita descubrir los verdaderos sentimientos, valores e intenciones de las personas, en este y todos los casos.

Como hemos visto, el amor eros que inicialmente se establece a partir de la atracción física entre el hombre y la mujer, no es suficiente para sostener una relación madura y duradera. La relación de la pareja debe cultivar otras manifestaciones del amor para que la relación crezca en toda su plenitud.

> *El capricho se apresura; el amor piensa y toma el tiempo necesario para dejar que la amistad crezca*

La atracción sexual es natural. De esta manera nos creó Dios. Nos dio la posibilidad de sentir atracción entre el hombre y la mujer. Pero esa atracción, per se, es incompleta. En cierta forma, a manera de ilustración, podemos decir que es la parte «inmadura» o menos «elaborada». Sin embargo, a partir de esa atracción puede surgir una relación de amor pleno.

Ahora bien, si en lugar de hacer crecer esta relación en la que se conozcan uno al otro, el interés se centra en el aspecto físico, todo lo demás quedará relegado, y es probable que se empiece a concebir al otro como objeto de placer más que como persona. El deseo sexual y el placer derivado de lo genital tienen una gran energía. Pueden cautivar, cegar y esclavizar si no se les enmarca en una relación de respeto, comprensión, colaboración, amistad y admiración. Una relación así concebida necesita dos elementos esenciales: tiempo y compromiso.

> «Existen algunas familias donde el padre brilla por su ausencia, o donde él es casado y tiene hijos fuera del matrimonio de los que no se ocupa... y, pues, hay niños sin papá, porque él no vive bajo principio y valores, por no pensar en el otro».
>
> Comentario de un joven

El otro aspecto a considerar es que cuando la atracción y el deseo sexual se exacerban en una relación, una vez pasada la novedad es probable que también acabe el interés. Los ojos de al menos un miembro de la pareja

> *Indague, haga preguntas claves y, sobre todo, tome el tiempo necesario para conocer a la otra persona*

puede que empiecen a buscar algo «nuevo» para experimentar y disfrutar. De esta forma, muchas personas, en especial varones, caminarán por la vida de genital en genital, sin aprecio, sin rela ciones profundas, sin cercanía real, con todos los riesgos y consecuencias nefastas que esto significa.

> *Una vez pasada la novedad es probable que también acabe el interés*

En una ocasión conversé con un niño de aproximadamente diez años. Durante la conversación me hablaba así de su familia: «Nosotros somos cinco hermanos. Mi hermano y yo somos de mi mamá, un hermano mayor de mi papá con otra señora, otras dos hermanas menores, cada una con mamás diferentes». Sentí dolor, dolor por todos: los niños, las mujeres y el «galán». Este niño habla ba no de su familia, sino de las consecuencias de las malas decisiones de este caballero a lo largo de su vida. Más tarde, hablando directa mente con el padre del niño, le pregunté cuál era la razón por la que vivía de forma tan pro miscua. Su respuesta evidenció su inmadurez y la falta de control en su propia vida. Me dijo simplemente: *«Es que soy muy atractivo, las mujeres me buscan».*

> «Uno tiene que estar muy claro sobre qué es lo que quiere, esto con la cabeza fría, bien pensado, para sostener lo decidido cuando se tienen pensamientos que la calienten».
>
> Comentario de un joven

Ante tal respuesta, solo queda concluir que a pesar de sus cuarenta años, esta persona no ha madurado, que probablemente vivirá buscando algo sin saber lo que es, y que no lo sabe porque no tiene control de sí mismo. Sus pensamientos, acciones y actitudes están dominados por sus impulsos sexuales. Es un esclavo del placer.

> *Para que el amor crezca se necesita tiempo y compromiso*

Cuando se vive confundiendo amor con capricho, nos exponemos a consecuencias realmente lamentables. Es posible que a partir de un capricho se decida contraer matrimonio con alguien. Una vez que se acaba el capricho o «la luna de miel», por decirlo de alguna manera, quedan dos personas conviviendo con sus virtudes, defectos, hábitos y costumbres. Su vínculo afectivo y espiritual quedó truncado, ya que su relación giraba alrededor de su atracción física y el placer erótico que se otorgaban el uno al otro. Dar vuelta atrás y tratar de hacer crecer las demás dimensiones del amor en esta situación, probablemente sea muy difícil, ya que la convivencia sin el respeto, la tolerancia, la comprensión, la colaboración y otras virtudes y valores que median una relación de amor pleno, no se han desarrollado.

> *Cuando se vive confundiendo amor con capricho, nos exponemos a consecuencias realmente lamentables*

Peor aún, el capricho ha impulsado a una gran cantidad de hombres y mujeres a establecer relaciones con personas casadas. Es curioso que muchas canciones que han llegado a ser verdaderos éxitos no sean otra cosa que poemas a este tipo de relaciones que dejan tras de sí hombres y mujeres heridas, hogares rotos, niños y niñas abandonados, entre otras consecuencias.

Sin lugar a duda, al caminar por la vida, encontraremos personas que despiertan en nosotros atracción física. Pero el hecho de que somos seres humanos capaces de racionalizar y, por lo tanto, medir las consecuencias de seguir un deseo, nos permitirá hacer de esa capacidad un instrumento que potencie el autocontrol y, por lo tanto, la conducción inteligente de nuestra vida. De otra forma solo seremos títeres de nuestros deseos. Es, por eso, indispensable entender que la atracción física es natural y no hay mal en ella. Sin embargo, es necesario ejercitar el autocontrol y no permitir que esa atracción se transforme en una pasión sin control que nos lleve a actuar de tal forma que nos causemos daño a nosotros mismos y a quienes nos rodean.

A través de los años, en conversaciones con personas solteras, parece que una opinión

> «Las malas decisiones sobre la dimensión sexual generan una serie de problemáticas en las familias. Algunas no poseen ambos padres, y esto genera problemas económicos. Por ejemplo, niños que delinquen porque no tienen quien los cuide. Hay toda una cadena de problemas que genera el satisfacer egoístamente el deseo de placer, de tener relaciones sexuales, y si hay un embarazo de por medio, no se está preparado para asumir la responsabilidad».
>
> Comentario de un joven

generalizada es que, a quien ya está casado, le es fácil practicar el autocontrol cuando se trata de deseos sexuales. La percepción es que al tener acceso a satisfacer el deseo de lo genital, todo deseo o pasión por otras personas ha cesado. Tal percepción está totalmente alejada de la realidad. Quien ha contraído matrimonio por las razones correctas, ha alcanzado lo que muchos solteros y solteras buscan en la medida en que echó raíces, decidió amar y encontró a la persona adecuada para compartir su vida. Sin embargo, en términos de atracción hacia otras personas, usualmente siguen experimentando deseos sexuales. El éxito de cumplir los votos de fidelidad prometidos a su cónyuge, a la sociedad y a Dios siguen dependiendo del control de sus deseos y pasiones por las terceras personas que se cruzan en su vida. El amor, para que prevalezca en el tiempo, sigue siendo una decisión más que un sentimiento.

> *Es necesario ejercitar el autocontrol*

Es frecuente que las personas solteras que han decidido posponer las relaciones sexuales, idealicen un poco el erotismo. Incluso puede que lleguen a confundir la necesidad de afecto, inherente a todo ser humano, con el deseo erótico. Es por eso que la autorreflexión y el control del impulso sexual son vitales para poder reconocer cuáles son nuestras verdaderas necesidades, y cómo satisfacerlas de la mejor manera. Este concepto ha sido definido muy bien por Miguel Picado, quien al respecto dice:

El hombre y la mujer pueden ser libres respecto al sexo y su placer, a pesar de que estos fueron creados por Dios y reflejan su bondad y belleza. Es posible la realización humana sin ejercer la sexualidad. Una vida sana en lo psicológico, y de placer duradero, tiene como requisito no idolatrar el placer sino vivirlo con libertad. No buscar el placer de manera obsesiva, como si fuera la razón de la existencia, sino vivirlo con gratuidad y agradecimiento, es decir, como regalo gratuito que se da y se recibe.[3]

> *El amor, para que prevalezca en el tiempo, sigue siendo una decisión más que un sentimiento*

Hace un tiempo hablaba sobre la soltería con una amiga a la que aprecio mucho. Ella es una mujer madura y, por lo tanto, sabía que era considerada una «solterona». Aunque la sociedad ha estigmatizado a las personas que no han contraído matrimonio a cierta edad, he conocido a hombres y mujeres maduros que están muy lejos de entrar en el «patrón» de personas gruñonas y amargadas que caracteriza al «solterón». Estas personas se han dado la oportunidad de amar y dejarse amar.

> *Realizarse no depende de otras personas ni de una relación específica*

Han decidido crecer y ser personas plenas. Realizarse para ellos no depende de otras personas, o de una relación específica, o de la posibilidad de satisfacer sus deseos sexuales. Celebran sus amistades cada día, y se dan la libertad de mostrar este amor a la vez que se dejan amar. Mi amiga es una de estas personas. Un día tomó la decisión de enfocarse en el amor que libremente le dan y recibe. Casados, jóvenes y no tan jóvenes, todos debemos darnos la libertad de amar, de entregarnos, procurando crecer y a la vez hacer grandes a los que están a nuestro lado.

Nacimos con la necesidad de dignificar, de honrar, de respetar, de ser fieles. Esto es amor, porque el amor es bueno, es amable, es gentil, no es egoísta, no hace nada indebido, hace grande a la otra persona, la que está a nuestro lado. Cuando usted ama de esta manera, es un ser pleno y deja de ser un solterón. Este sentimiento no lo da la posibilidad de tener relaciones sexuales cada vez que se desea y con quien se desea. Por el contrario, lo da el dejarse amar de forma libre, y el amar francamente sin límites a nuestros amigos, familia y otros cercanos.

Todos necesitamos tener grupos de pertenencia, donde amemos y nos dejemos amar, pero para esto debemos propiciar procesos para educar nuestras emociones y lograr el autocontrol.

Si una persona no está casada, esto no significa que no está completa, porque nadie completa a otro. Las personas compartimos, somos ayuda idónea los unos de los otros, pero no necesitamos ser completados por nadie más. La Biblia dice que quien encuentra esposa encuentra el bien, y esto es hermoso. Pero en ninguna parte nos dice que el que no se ha casado está incompleto o es infeliz.

> *Debemos educar nuestras emociones y lograr el autocontrol*

Un principio importante para procurar el proceso de educar nuestras emociones lo da Proverbios 4.23 (NVI): «Por sobre todas las cosas cuida tu corazón, porque de él mana la vida».

> *El amor es bueno, es amable, es gentil, no es egoísta, no hace nada indebido, hace grande a la otra persona*

Cuando la Biblia habla de cuidar el corazón está hablando de guardar el alma, de guardar las emociones, y esto es posible solo a partir de la reflexión y la consecuente toma de decisiones inteligentes en la dimensión emocional de nuestra existencia. Este es un ámbito en que no nos podemos arriesgar porque, como dice el libro de la sabiduría, de ahí mana la vida.

El capricho está en el área de las emociones. Un capricho es una emoción desenfrenada que puede gobernarnos si no se reflexiona en las consecuencias de dar rienda suelta a nuestros deseos. Usualmente, la razón por la que las emociones pueden tener este efecto en nosotros, es porque no se ha fortalecido el autocontrol y, por lo tanto, la satisfacción inmediata tiene un gran peso a la hora de tomar las decisiones que dirigirán nuestro actuar. Hay una tendencia a pensar en el momento como absoluto, como si ese momento fuese lo único que existiera.

Son este tipo de emociones las que nos llevan a pensar que existe el amor a primera vista. Sin embargo, el amor «instantáneo» es una imposibilidad emocional, ya que el mismo no es simplemente un sentimiento romántico o una atracción física. Se puede tener un sentimiento agradable hacia la otra persona, pero eso no es aún amor. Eso es atracción, y es normal. Pero ese sentimiento puede llevar al «enamoramiento» casi inmediato y, si no se racionaliza, puede llevar a la idealización de la otra persona.

> *Cuando la Biblia habla de cuidar el corazón está hablando de guardar el alma, de guardar las emociones*

En este aspecto hemos dejado que sea Hollywood, o los escritores de música romántica, los que nos eduquen en el tema. Damos por cierto eso que hemos escuchado, y perdemos sensibilidad en cuanto al verdadero significado del amor y las consecuencias reales de transgredir los principios vitales de la fidelidad, el respeto y la consideración, entre otros. Tomemos por ejemplo las alusiones a los amores prohibidos. Algunas de las frases hasta suenan agradables. La aventura y lo oculto parecieran que es lo emocionante, lo que es indispensable experimentar porque de otra forma nos estamos perdiendo algo. Pero en la canción o en la película no hay consecuencias reales, o se minimizan, a la vez que se disfrazan los sentimientos egoístas y autocomplacientes que priman en el

> *El amor no es simplemente un sentimiento romántico o una atracción física*

deseo de poseer al otro y de irrespetar un compromiso. En algunos de esos casos esto se hace de forma no intencional, y en otros con plena conciencia. Sin embargo, esto no tiene mayor relevancia cuando se enfrentan los resultados de relaciones fundamentadas en esta superficialidad.

¿Cuándo es un capricho?

La principal característica del capricho es que las emociones tienden a ser egocéntricas, y motivadas por un deseo de autocomplacencia. Es frecuente que inicie con una atracción física, que como hemos explicado, es natural. Sin embargo, surge el sentimiento de querer «tener» a ese otro. A veces ni siquiera se le conoce profundamente, pero hay un convencimiento irracional de que esa es la persona que «tiene» que estar conmigo para que yo pueda ser feliz. Por lo tanto, se comienza a idealizar a la persona objeto del capricho. No se usa la inteligencia para indagar objetivamente quién es, cuál es su personalidad y cuáles son sus intenciones. Todo esto más bien se construye a su alrededor, de acuerdo a los propios deseos y necesidades. Se le atribuye todo aquello que se ha querido encontrar en la pareja ideal.

En una oportunidad una joven, tratando de justificar su relación romántica, decía: «Él es especial, cariñoso y amable. Me ha dicho que me ama, que cree que lo nuestro fue planeado en el cielo. Todo es especial cuando estamos juntos y quiere casarse conmigo. El único problema es que en este momento está casado, pero dice que me ama tanto que va a dejar a su esposa por mí».

> *Las emociones tienden a ser egocéntricas y motivadas por un deseo de autocomplacencia*

Esta joven tiene aproximadamente dieciocho años. Al escucharla hablar se nota su ilusión por esa relación. Está convencida y persuadida de que lo que hay entre ellos es un amor profundo. Sin embargo, no se ha dado la oportunidad de reflexionar objetivamente en las motivaciones de la otra persona, ni en sus propios sentimientos y las consecuencias de continuar una relación como esta. La experiencia me dice que es muy probable que esta muchacha, cuando se dé cuenta de que fue una aventura más, termine con el corazón roto.

> *Nunca hay que dejar que la razón se apague*

Hay una frase que dice: «Cuando la pasión se enciende, la razón se apaga». Esto describe muy bien esa conducta irracional que media en muchas de las relaciones románticas que los jóvenes establecen. Nunca hay que dejar que la razón se apague, porque si se apaga, quedamos expuestos al engaño. Es decir, expuestos no solo al posible artificio que puede estar tramando la otra persona con el fin de seducir, sino también a la idealización del otro, que no es más que un engaño a nosotros mismos.

Para asegurarse de que lo que media realmente en una relación es el amor, hay que invertir tiempo y reflexión. Procure conocer los valores de la otra persona, no solo en el discurso, sino también en la práctica. Así también, descubra las verdaderas motivaciones e intenciones detrás de las palabras. La mejor descripción de lo que es una relación fundamentada en el amor es la que ha dado en muchas ocasiones el doctor James Dobson: «Amor es tener un conocimiento profundo de quién es la otra persona, y al conocerla, la acepto, y conociéndola, entonces la amo».

Amor o enamoramiento… ¿cómo saberlo?

La capacidad de sentir y expresar amor es una cualidad que está íntimamente ligada a la naturaleza humana. Es imposible concebir nuestra existencia sin ese intercambio de afecto, cariño y preocupación entre las personas, y hacia nuestras actividades diarias.

Es evidente que el amor se presenta en muchas formas, potenciando siempre la aparición de nuestras mejores acciones e intenciones, como es el caso del amor que se desprende entre una madre y un hijo, entre una pareja de novios, entre un artista y su obra, entre Dios y el hombre, etc. Como vemos, en el sentido amplio de la palabra, «amor» implica una entrega, un acto desinteresado que fortalece vínculos y creencias, que es fuente de alegría y bienestar. En palabras del filósofo alemán Leibniz: «Amar es encontrar en la felicidad de otro, tu propia felicidad…»

Limitándonos al tipo de amor que se manifiesta en el marco de una relación de pareja, es posible diferenciar una primera etapa o fase, comúnmente denominada como enamoramiento. A partir de esta etapa, y tras un proceso de evolución, se puede llegar a un estado mucho más trascendente, estable y maduro.

Transición del enamoramiento al amor maduro

Los vínculos de pareja, en primera instancia, surgen a raíz de una atracción mutua. Cada persona en la pareja percibe de la otra características, ya sean físicas o de personalidad, que llaman su atención y que mantienen su interés en ella. Generalmente, cuando esta atracción es muy fuerte, se experimenta lo que se conoce como enamoramiento, caracterizado por un cambio drástico en las sensaciones y percepciones, convirtiendo la experiencia compartida en algo sumamente gratificante.

> *Amor es tener un conocimiento profundo de quién es la otra persona, y al conocerla, la acepto, y conociéndola, entonces la amo*

En el enamoramiento, la imagen o concepto que tenemos de la persona querida generalmente se encuentra un tanto sesgada, ya que se visualizan los atributos respectivos de forma exacerbada, mientras que se minimizan los defectos, construyéndose así una concepción ideal del otro. Además, la vivencia es muy emocional, impulsiva e intensa. Debido a esto, sin importar la edad en que se dé, debemos considerar al enamoramiento como un tipo de amor inmaduro, ya que ocurre en una etapa incipiente del conocimiento y exploración de la pareja, y cuando todavía no se cuentan con los elementos objetivos necesarios para realizar una valoración correcta.

Está de más afirmar que esta hermosa experiencia es transitoria, es decir, que poco a poco la relación se redimensiona hasta alcanzar un estado de interacción mucho más íntimo y estable. En algunos casos, la entrada a esta nueva fase puede interpretarse como amenazante para la relación, ya que aquellos que desean seguir aferrados a una fantasía y a la sensación de euforia, posiblemente se vean desilusionados por la natural evolución, y prefieran buscar un nuevo amor antes de continuar el proceso de maduración. Sin embargo, esto en realidad no tiene por qué ser así.

La pareja que logra alcanzar la maduración de su amor gozará de un inapreciable y hermoso recurso que traerá satisfactorias consecuencias a su vida. En el amor maduro se alcanza un profundo conocimiento de la persona querida, existe una auténtica preocupación por el bienestar del otro bajo un marco de reciprocidad; hay confianza, seguridad y estabilidad, y se logra percibir a la persona amada en su dimensión humana más real. Se logra, además, una coincidencia integral de las diferentes dimensiones individuales, o sea, se comparten nociones espirituales, y las acciones y pensamientos se dan en consonancia con sus sentimientos, etc. Esto solo puede ser alcanzado tras un proceso que implica tiempo, mucha comunicación, comprensión, respeto, interés, cariño y esfuerzo.

CAPÍTULO XI

Noviazgo y proyecto de vida

¿Cómo saber que en verdad esta es la persona adecuada? ¿Y qué si no resulta después del matrimonio?

Del diario de una joven

C onforme va pasando el día me siento más débil. Me cuesta un mundo no sentirme mal por todo lo que me hace y dice. Él me culpa de todo. A veces siento que me pierdo; pierdo mi norte, y siento que estoy vagando por un mundo de soledad. Aunque a mi alrededor haya miles de personas, me siento sola. Mis amigos intentan consolarme e igual, siento desconsuelo. Me pierdo en el dolor, en este dolor que solo yo siento. Ayer, hablando con Dios a solas, sentí Su paz, pero al enfrentar el siguiente día, mi razón se va y pierdo el control.

Mi mejor decisión: la historia de Raquel

Ya casi no tengo tiempo para estar pensando en cosas que me afligen. Mi mente, mi alma y mi corazón se han ido liberando de tanta tristeza, aquella tristeza que en el pasado me invadía. ¡Ahora veo la mano de mi Dios en mí!

Me siento realmente bien. Amo mi soltería desde que pude salir triunfante de aquella relación de codependencia. Aprendí que mi felicidad no dependía de mi ex novio. Mi felicidad la tengo yo en mis propias manos. También aprendí a perdonarme y perdonar a otras personas y, en especial, perdonarlo a él. A pesar de que me parecía imposible, con el tiempo encontré paz y aceptación. La mala experiencia sirvió para encontrarme conmigo misma y aprender a amarme, para así amar a mis familiares y buenos amigos. Ahora comparto más con mis padres, lo cual me llena muchísimo. Y saber que me perdía todo esto durante los cinco años que estuve en aquella relación en la que mi vida giraba alrededor de él. Ahora tengo más sed y anhelo de intimidad con Dios, y esto me hace sentir día a día más realizada... Sé que estoy en un proceso, pero tengo muchas ganas de vivir y seguir agradando a Dios con mis pensamientos y actos. No me quedaré más en el pasado. Soy libre y he aprendido a valorar cada día más lo que tengo. No me negaré nuevas oportunidades. Ahora estoy escribiendo los mejores momentos de mi vida personal, espiritual y profesional. No voy a exponerme a echar atrás y sufrir. ¡Ya no más!

> *La plenitud interior, la amistad y la reflexión objetiva*

En capítulos anteriores se ha enfatizado la importancia de la búsqueda de la plenitud interior, la amistad y la reflexión objetiva como elementos esenciales cuando estamos considerando establecer relaciones románticas. Al propiciarse de forma consciente el desarrollo de estos tres elementos, las posibilidades de tener éxito en la selección de pareja son altas.

Ahora bien, si se experimenta una amistad profunda, y en algún momento surge la inquietud de que esa amistad se pueda convertir en una relación romántica, se debe ser cuidadoso y asegurarse de que la dimensión eros del amor que se está gestando es compartida por ambos. El hecho de que exista una buena amistad, no garantiza que necesariamente una relación romántica vaya a funcionar. No hay que precipitarse. Es necesario darse el espacio y tiempo suficiente para reflexionar y determinar si es en realidad lo que queremos y nos conviene en términos de nuestro proyecto de vida.

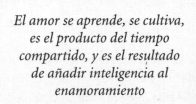

> *El amor se aprende, se cultiva, es el producto del tiempo compartido, y es el resultado de añadir inteligencia al enamoramiento*

Si por el contrario, hay atracción entre personas que recién se conocen, es requisito desarrollar una amistad profunda antes de entrar en una fase romántica. Es decir, desarrollar un periodo de amistad, sin presiones, en la que podamos descubrir si somos capaces de reír juntos, de resolver nuestras diferencias con inteligencia, de respetarnos, a pesar de nuestras opiniones y criterios distintos en las diversas áreas de la vida. Y ser capaces de admirarnos, y de tener relaciones sociales saludables con los grupos de amigos de ambos. Capaces de generar el espacio para que cada uno se pueda expresar individualmente, y de ser libres en el marco de una relación de compromiso. Y, aunque pareciera que no es necesario decirlo, capaces de no golpearnos y, por lo tanto, relacionarnos bajo los principios de la dignidad y el respeto hacia la otra persona. Si eso es lo que prevalece, el matrimonio es una continuidad de esta relación que hemos comenzado a construir. El amor no es un objeto para que funcione o no. El amor se aprende, se cultiva, es el producto del tiempo compartido, y es el resultado de añadir inteligencia al enamoramiento.

> *Tenemos que ser capaces de admirarnos, de tener relaciones sociales saludables con los grupos de amigos de ambos*

Noviazgo saludable

El noviazgo saludable es aquel en el que ambos miembros de la pareja asumen un compromiso. El objetivo no es «pasar el rato» o apaciguar la sed de besos y caricias. El noviazgo es más que una aventura. Es una relación fundamentada en la responsabilidad, y en la que las pautas de interacción han sido definidas y se respetan. Es por esta razón que es indispensable establecer límites y hacer planes que hagan crecer la relación con miras a la posibilidad de una unión permanente a través del matrimonio.

> *El noviazgo es una relación de compromiso donde las pautas de interacción han sido definidas y se respetan*

En un noviazgo saludable nos sabemos apreciados y respetados pero, a la misma vez, conservamos nuestra libertad como individuos. Una característica inequívoca es que hay un esfuerzo consciente de ambos novios por desarrollar un sentimiento sólido y maduro, y se hacen concesiones para lograrlo. Definitivamente, los deseos eróticos se dejan en un segundo plano, con el fin de procurar el conocimiento mutuo, y desarrollar la aceptación por la otra persona, en la expresión de su individualidad. Así también, se celebra la cercanía con el otro de forma libre. Ante cualquier persona o grupo de personas, no hay reservas ni tampoco intenciones ocultas. El tiempo junto se disfruta e intencionalmente se procura el conocimiento de la otra persona, sus intenciones, sus deseos, sus anhelos.

Ahora bien, si durante este tiempo, ambos miembros de la pareja, o bien uno de ellos, descubre que la per-

> *Los deseos eróticos se dejan en segundo plano*

sona a su lado no es la idónea para un proyecto de vida conjunto en el futuro, lo mejor es terminar la relación en el mismo instante en que llegó a esta conclusión. Es por eso que una relación saludable de noviazgo que ha perdurado tiene mayores posibilidades de convertirse en un buen matrimonio.

Algunas características de un noviazgo saludable podrían ser:

➢ Hay una profunda amistad entre los miembros de la pareja. Se disfruta de estar juntos, se comparten alegrías y sueños, pero también tristezas y dolor. Cuando uno de los dos está pasando por una dificultad, recibe ánimo y comprensión del otro.

➢ La comunicación es clara, natural y transparente; es posible expresarse sin temer a ser juzgado o criticado.

➢ Se tienen ideales y valores espirituales en común, y ambos son fieles a Dios. No confíe en las promesas de cambio, lo que usted ve es lo que tendrá en el futuro.

➢ Hay una completa satisfacción y comodidad en cuanto a quién y cómo es la otra persona. Para que la relación se desarrolle de forma sana, no es imperativo que se dé un cambio significativo de personalidad en ninguno de los dos.

➢ Los cambios para mejorar la interacción en la pareja deben ser auténticos, producto de una reflexión personal, de una convicción madurada en el tiempo, pero no para complacer, porque esto es superficial.

> *Un noviazgo saludable, que ha perdurado, tiene mayores posibilidades de convertirse en un buen matrimonio*

➢ Ambos piensan en la posibilidad de unirse de por vida bajo el vínculo del matrimonio. Una relación en la que uno de los miembros ha expresado claramente que no tiene intención de contraer matrimonio, no tiene ningún sentido, ya que es como una barca a la deriva, sin rumbo ni dirección.

➢ Se ha desarrollado la capacidad de resolver conflictos de forma efectiva y razonable, y no se lastima al otro; se procura encontrar soluciones acertadas que proporcionen la mayor satisfacción a ambos miembros de la pareja.

Recuerde que, aunque usted ha crecido y tiene la responsabilidad y el criterio para decidir libremente, es bueno que escuche el consejo de sus padres y amigos más cercanos. El consejo sabio enriquece el juicio.

Relaciones sexuales en el noviazgo

Una inquietud recurrente que tienen los jóvenes gira en torno a las relaciones sexuales durante el noviazgo. En este sentido, quisiera ser muy enfático: sin lugar a duda, si se comienza a tener relaciones antes de casarse, la relación se va a centrar en la satisfacción sexual. Esto será un obstáculo para desarrollar esa profunda amistad y conocimiento objetivo del otro que, como se ha explicado ampliamente, son elementos necesarios para que se desarrolle un amor pleno que haga posible una relación sana con miras a un futuro compartido.

Si una pareja considera que no puede mantener un noviazgo sin relaciones sexuales, esto significa que ese es su eje principal: el erotismo, la pasión. Sin temor a equivocarme, estas relaciones terminan de dos formas: la pasión se apaga rápidamente (tan rápido como aparezca alguien más que promete dar un mayor placer sexual), o bien la pareja contrae matrimonio y este dura lo que dure la pasión después de enfrentar las vicisitudes de la vida matrimonial.

> *Si se comienza a tener relaciones antes de casarse, la relación se va a centrar en la satisfacción sexual*

El deseo y la energía sexual requieren educación. Si una pareja logra abstenerse, tendrá mayor probabilidad de profundizar en una verdadera intimidad.

La intimidad propicia un conocimiento más profundo del otro y de su relación de pareja. Puedo decir que la pareja que fundamenta su noviazgo en un conocimiento mutuo, tiene mayores probabilidades de éxito en el matrimonio.

Cuando una pareja comienza a tener relaciones sexuales fuera del matrimonio, estas pueden ser muy satisfactorias, y posiblemente a ambos les parezca hermoso, aventurero, placentero y aun especial. Sin embargo, me he dado cuenta de que en la mayoría de estas parejas, al pasar el tiempo y la novedad del sexo, la relación se vuelve egocéntrica y se pierde la magia que un día tuvieron.

> *El deseo y la energía sexual requieren educación*

¿Qué ocurre con las relaciones sexuales? La Biblia dice que es a través del coito que llegamos a ser una sola carne. Hay algo que ocurre en el mundo espiritual, al unirse la pareja de esta manera, que nosotros hemos banalizado circunscribiéndolo al ámbito puramente físico, de placer. Pareciera, en la mente de algunos, que la única limitante en las relaciones sexuales prematrimoniales debería consistir en evitar tener hijos, o bien protegerse de una enfermedad de transmisión sexual.

> *Hay algo que ocurre en el mundo espiritual, al unirse la pareja en el coito, que nosotros hemos banalizado circunscribiéndolo al ámbito puramente físico, de placer*

Sin embargo, el propósito de Dios es distinto. Por medio de las relaciones sexuales se da una unión a nivel espiritual que va más allá de la comprensión humana. Y para el pleno disfrute y cumplimiento de su propósito, estas relaciones deben enmarcarse en una relación de amor y compromiso incondicional, es decir, dentro del matrimonio.

Más aun, una pareja cuyo código ético concibe las relaciones sexuales únicamente dentro del matrimonio, como ocurre con la ética cristiana, si transgreden la norma, se verán expuestos a una carga de culpa y dolor. Si este es su caso, le animo a que se dé la libertad de cambiar el rumbo de su relación. Mi consejo sería que terminaran la relación de noviazgo y trataran de profundizar una buena amistad. Si con el tiempo quisieran reanudar la

> *Por medio de las relaciones sexuales se da una unión a nivel espiritual que va más allá de la comprensión humana*

relación amorosa, fundamentada en los valores éticos y morales que ambos abrazan, y están dispuestos a establecer los límites que corresponden, podrían tener mayores posibilidades de éxito.

Los jóvenes que han logrado independencia, que viven solos, y tienen cierta estabilidad a nivel económico y social, deben tomar medidas radicales para no caer en la trampa de un juego de capricho y complacencia egocéntrica. Hay que procurar sobre todo la madurez, concentrándose en el proyecto de vida, y valorando lo que les ha costado a ambos construir. Se ha de aprender a decir «no», y a ponerse límites en cuanto a las relaciones con el sexo opuesto.

> *Procure, sobre todo, la madurez. Concéntrese en su proyecto de vida, y valore lo que le ha costado construir*

Luces rojas en el noviazgo

Como se ha venido enfatizando, el noviazgo es un período para conocer a la otra persona. Existen «luces rojas» que nos advierten que debemos detenernos y pensar seriamente en terminar la relación. A continuación algunos comportamientos, actitudes y sentimientos que deberían considerarse como advertencias:

➢ Comportamientos machistas: La esposa, y también el esposo, deben procurar ser uno, resolver sus diferencias y caminar hacia las mismas metas y propósitos. Sujeción no es permitir la manipulación o agresión, ya sea física, psicológica o patrimonial. Los celos, las demandas en cuanto a la forma de vestir de la pareja, los condicionamientos sobre las amistades y los lugares que se frecuentan, así como otros aspectos, son señales inequívocas de un hombre machista y controlador. Debemos establecer relaciones fundamentadas en el respeto, la admiración, la consideración, las concesiones y la buena comunicación, pero nunca con manipulación.

➢ Problemas de drogadicción u otras adicciones, tales como la adicción a la pornografía, a los juegos de azar, a las nuevas tecnologías, el alcoholismo y el tabaquismo, entre otras.

➢ Manejo inadecuado de la ira. A una persona con este tipo de problemas le será muy difícil conciliar posiciones y resolver conflictos, y podría recurrir inclusive al maltrato y los golpes como desahogo ante tales situaciones.

➢ Intransigencia. Hay personas que siempre querrán imponer su criterio sobre otros. A estas personas les es difícil tomar en cuenta la opinión y consejo de los demás.

> *Se debe dar el respeto, la admiración, la consideración, las concesiones, la buena comunicación, pero nunca con manipulación*

➢ Cualquier tipo de patología o trastorno de la personalidad que no se mantenga bajo control, como por ejemplo la bipolaridad.

➢ Alguno de los dos considera que su proyecto es más importante que el de la otra persona, por lo que el proyecto de vida de uno de los dos queda estancado a causa del otro.

➢ Se responsabiliza al otro por los propios actos, carencias o incluso adicciones.

Sin lugar a duda, todas las personas que presentan este tipo de comportamiento tienen la posibilidad de un cambio con una terapia adecuada. El primer paso será reconocer su problema y tener el deseo y la perseverancia de seguir un proceso de esta naturaleza. Sin embargo, hacer que esa persona cambie no es responsabilidad del otro miembro de la pareja. Lo más recomendable es que uno se aleje, generando el espacio para que la otra persona asuma el reto de superar sus conflictos internos. Algu-

> *Cualquier relación de noviazgo tiene el potencial de convertirse en matrimonio*

nas preguntas que le pueden servir a uno para tomar esta decisión son: ¿Me conviene esta persona? ¿Quisiera vivir con alguien que tiene este problema? ¿Tengo la fuerza para soportar posibles recaídas en tal o cual adicción o comportamiento?

Otra de las preguntas más frecuentes que hacen los jóvenes es si toda relación de noviazgo debería considerar el matrimonio como una posibilidad en el futuro. Mi consejo en este sentido es que cualquier relación de noviazgo tiene el potencial de convertirse en matrimonio por las más variadas razones, además del verdadero deseo de ambos de contraer nupcias. Algunas relaciones de noviazgo terminan en

> *Caminar hacia la plenitud y la realización personal*

matrimonio porque se dio un embarazo. Otras, por presión de uno de los miembros de la pareja. En otras ocasiones la presión familiar o de los amigos comunes tiene un gran peso. Es por esta razón que si desde el inicio de la relación, o en algún punto de esta, uno se da cuenta de que está con una persona con la que no quiere una relación de por vida, o por el contrario, su novio o novia ha expresado este sentimiento, la acción inmediata a tomar es terminar esa relación.

Actitudes y comportamientos en las relaciones de noviazgo saludables

Hay actitudes y comportamientos que caracterizan una sana relación de noviazgo. En algunas parejas se dan de forma natural, a menudo cuando sus miembros son personas que han encontrado la plenitud individual. Mi primera recomendación para una relación de noviazgo satisfactoria, como se ha mencionado antes, es justamente caminar hacia esa plenitud o realización personal. Partiendo de esta premisa, y habiendo reflexionado oportunamente sobre la conveniencia de establecer un noviazgo con una persona determinada, será importante hacer crecer la relación al fomentar comportamientos y actitudes para una sana interacción de pareja.

> *Cada vez que hay un conflicto, tenemos una oportunidad para crecer en la capacidad de superar las diferencias*

Cuando hay conflictos y diferencias, la pareja que tiene una relación saludable es capaz de superarlos en lugar de evadirlos, o en lugar de dejar que simplemente pasen sin resolverse. Cada vez que hay un conflicto, tenemos la oportunidad para crecer en la capacidad de superar las diferencias, respetando la individualidad y la dignidad de la otra persona. Superar los conflictos hará también posible que continúen divirtiéndose juntos, realizando actividades del agrado e interés de ambos, y disfrutando de la compañía mutua, sin tener que concentrarse solo en besos y abrazos.

En el proceso de la solución de conflictos, ambos miembros de la pareja se conocen a fondo, tanto en cuanto a sus virtudes como a sus defectos, y aun así se aceptan y se aman. Conocerse mutuamente da la libertad de decir lo que se piensa, lo que se cree y en lo que se difiere. La relación de noviazgo ayuda a forjar el amor propio de ambos, su proyecto de vida y sus ideales.

Ahora bien, si por el contrario, hay comportamientos y actitudes que no son aceptables, tal como algunos de los ya descritos, es de vital importancia comprender que las promesas de cambio con el fin de sostener una relación quizás nunca se materialicen. La premisa, «como me quiere tanto ha dicho que va a cambiar», tiene un mal fundamento, ya que idealiza al otro. El amor puede ser un motivador de cambio. Sin embargo, los cambios efectivos se dan solo a partir de convicciones personales y, cuando las hay, los resultados positivos no se hacen esperar. Continuar una relación de noviazgo, o peor aún, pensar en matrimonio cuando lo único que hay es una promesa de cambio, las posibilidades de éxito serán pocas.

> *Conocerse mutuamente da la libertad de decir lo que se piensa, lo que se cree y en lo que se difiere*

Otro principio vital de toda relación romántica es que el amor sigue siendo, todos los días, una decisión libre y voluntaria, aun después del matrimonio. El amor no se impone, no se manipula, no se suplica ni se mendiga. El amor crece a partir de la libertad, de la dignidad, de la admiración y de la aceptación. Las personas que han aprendido este principio brillan con luz propia, porque su bienestar interno y su plenitud no dependen de nadie. Por lo tanto, aman y se dejan amar con libertad.

Hay que respetar la libertad de la pareja de forma tal que el amor no se ahogue. Si no lo hacemos, la relación se convertirá en una vivencia dolorosa en lugar de plena. Por esta razón, es muy recomendable mantener intereses y actividades fuera de la relación romántica, como sería, por ejemplo, seguir nutriendo los demás vínculos interpersonales que de forma independiente tiene cada uno en la familia y los amigos.

> *El amor no se impone, no se manipula, no se suplica ni se mendiga, sino que crece a partir de la dignidad, de la admiración y de la aceptación*

Añada inteligencia a su relación

Todas las recomendaciones que usted pueda encontrar en este libro, y en otros más, en cuanto a cómo establecer relaciones saludables de noviazgo con miras a un matrimonio satisfactorio, quedarán invalidadas si no procura añadir inteligencia a la atracción, o incluso al enamoramiento que puede sentir hacia otra persona.

> *La inteligencia aplicada a la relación de pareja significa evaluar objetivamente el tipo de persona con la que quiero compartir mi vida.*

Cuando hablamos de inteligencia, nos referimos a la capacidad de usar la lógica y la razón. El ejercicio mental debe evaluar objetivamente el tipo de persona con la que quiero compartir mi vida y determinar si la persona que está a mi lado es la adecuada.

Una de las formas de mantener una perspectiva objetiva al realizar esta evaluación es escuchando lo que los demás tienen que decir sobre su pareja. Las personas que nos rodean, especialmente quienes nos aman, tendrán una visión menos parcializada y, por lo tanto, podrían ser de gran ayuda.

Aunque muchos, antes de involucrarse en una relación, piensan que no aceptarán tal o cual comportamiento de su pareja, al final terminan cediendo en puntos que parecieran inconcebibles.

Hace algunos años, conocí a una joven que era golpeada por su novio. Ella trataba de justificar ese comportamiento con distintos argumentos. Después de una larga conversación, sin más que decir, me miró de forma decidida y dijo: «Él de verdad me ama, no importa que me golpee».

> *De forma consciente y reflexiva, decida con qué tipo de persona quisiera casarse*

Después de tres años de matrimonio, terminaron divorciándose, y sus dos pequeños hijos siendo víctimas de la patología de su padre y el desatino de su madre a la hora de elegir.

De esta misma forma podría relatar muchas otras historias. Por ejemplo, he oído frases como: «Me cela tanto que no me deja salir con mis amigos, pero eso es porque me ama demasiado», «Me prohíbe ser parte del grupo musical porque dice que nos quita tiempo como pareja», o bien, «Constantemente tengo que animarle para que salga adelante». Si usted se encuentra balbuceando excusas similares es porque está en una relación de subyugación y de dependencia, la cual se desdibujará bajo la coerción del otro. En estos casos no debe haber duda: termine con esa relación. Si esa persona decide cambiar, debe hacerlo por decisión propia. El cambio sería posible siempre y cuando fuera profundo y sostenible en el tiempo, es decir, un cambio que reúna las tres características siguientes:

➢ Todo cambio verdadero tiene que ser una convicción personal.
➢ Todo cambio verdadero toma tiempo, no ocurre de la noche a la mañana.
➢ Todo cambio verdadero tiene un norte, un planeamiento de cómo se va a lograrse, con metas bien definidas y cursos de acción concretos.

Recuerde que es importante que empiece a dibujar mentalmente a ese tipo de persona con la que piensa que tendría mayores posibilidades de establecer una relación de amor para toda la vida. Esto es lo que queremos decir con ponerle inteligencia al amor. De forma consciente y reflexiva, decida con qué tipo de persona quisiera casarse, aunque contraer matrimonio sea un proyecto a mediano o largo plazo. «¿Con quién me gustaría casarme?» es la pregunta que todos los jóvenes deberían plantearse antes de iniciar una relación de noviazgo.

Hace un tiempo conocí a Ithamar Durán. Ithamar es de esas jóvenes decididas, claras en su pensamiento y determinadas en sus convicciones. Ithamar escribió el perfil de lo que ella consideraba era el hombre con el que le gustaría casarse: «Debe ser un cristiano comprometido, gustarme físicamente y pertenecer a una familia con principios similares a los de la mía. Debe ser emo-

> *Si una persona decide cambiar, debe hacerlo por decisión propia*

cionalmente estable, tener metas claras e ir en pos de ellas. Debe ser alguien que le guste la familia y sea visionario. Aunque sus emociones estarán ligadas a mí, no debe crear una dependencia emocional, debe de tener un gran deseo de superarse». Al leer esta clara e inteligente reflexión de una chica de dieciocho años, no termina de sorprenderme su capacidad de discernimiento en cuanto a enmarcar de forma inteligente y racional sus aspiraciones amorosas. Algunas características que quisiera destacar de Ithamar son las siguientes:

> Es una persona que sabe lo que quiere. No mendiga amor ni cariño porque se sabe una persona plena y satisfecha, merecedora de sus aspiraciones.

> Es una persona con una excelente autoimagen ya que demanda en el otro lo que siente que ella misma posee: principios, estabilidad emocional, metas claras, un visionario, de emociones equilibradas... ella está describiéndose a sí misma.

> Ithamar tiene muchas probabilidades de establecer relaciones saludables, porque no busca llenar un vacío, ni ser completada, sino que busca con quién compartir su plenitud.

Cada joven debe aspirar a encontrar una persona plena con miras a compartir su vida. No es cuestión de negociar y aceptar menos de lo que ha anhelado. No se trata de escoger al más atractivo, ni de fijar características físicas o nivel de posesiones materiales. Esto no le llevará más allá de la inseguridad de fundamentar su amor en atributos altamente frágiles y volátiles. Se trata de ver más allá, de buscar esos signos o señales que manifiestan el bienestar interior de una persona y su correcta comprensión del amor.

> *Brille con luz propia y continúe disfrutando cada minuto de su vida*

Si usted ha logrado libertad y realización, y tiene amistades y familiares que le aman, y ha aprendido a disfrutar al máximo cada instante que vive, no arriesgue todo esto ante el temor de quedarse solo o sola. No hay razón para reducir sus aspiraciones.

Algunas personas podrían preguntar: «¿Y si no aparece?» Bien, si aún no se ha encontrado con una persona que le satisfaga plenamente, esto no quiere decir que no se le aparecerá en su camino. Continúe con sus planes y proyectos, brille con luz propia, y siga disfrutando cada minuto de su vida. Ceder y aceptar menos de lo que ha soñado podría traerle problemas y dolor, y aun más, la posibilidad de perder todo lo que ha logrado hasta ahora.

> *Debe ver más allá, y buscar esos signos o señales que manifiestan el bienestar interior de una persona y su correcta comprensión del amor*

Madres solteras en busca de amor

En especial, quiero dirigirme a las mujeres que por una u otra razón están criando niños sin un hombre a su lado. Lamentablemente, algunos varones consideran una oportunidad de conquista la vulnerabilidad que podrían experimentar quienes se encuentran en esa situación. Mi consejo para usted es que nunca deje que nadie se le acerque creyendo que porque tiene un hijo, sus expectativas en cuanto a respeto, dignidad y compromiso son menores que las de cualquier otra mujer. Eleve su amor propio, procure su desarrollo integral y aspire a lo

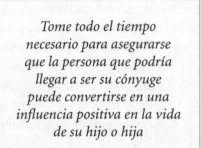

Tome todo el tiempo necesario para asegurarse que la persona que podría llegar a ser su cónyuge puede convertirse en una influencia positiva en la vida de su hijo o hija

mejor de lo mejor ya que, además de que no hay duda de que usted se lo merece, la vida de su hijo o hija se verá influenciada en gran manera por la persona que elija como compañero en la vida.

Ahora bien, aun cuando alguien le haya demostrado que le ama, si esa persona no logra desarrollar un profundo aprecio por su niño o niña, no hay duda de que, por el bienestar de todos, lo recomendable es terminar el noviazgo. Usted tiene una relación indisoluble con su hijo, y es imposible que logre vivir una vida plena cuando su hijo sufre. Aun cuando esta persona no tenga que asumir el papel de padre, la cercanía con usted inevitablemente hará de su pareja una influencia importante en él o ella. Debido al cuidado que se debe tener al lidiar con este tipo de situaciones, es indispensable que tome todo el tiempo necesario para asegurarse de que la persona que podría llegar a ser su cónyuge, puede en verdad convertirse en una influencia positiva en la vida de su hijo o hija.

Eleve su amor propio, procure su desarrollo integral y aspire a lo mejor de lo mejor

¿Cuándo se hace necesario terminar una relación?

Si luego de reflexionar profundamente en los elementos abordados, con miras a decidir sobre la conveniencia de continuar con el noviazgo, usted reconoce que la persona con la que está no cumple sus expectativas, se hace necesario tomar de inmediato la decisión de acabar con la relación. Debemos aprender a detenernos y decir no cuando sea necesario.

Es posible que se experimenten sentimientos de ansiedad, dolor y frustración. Sin embargo, es mejor superar este trance ahora, que hacerlo en estadios más avanzados de la relación, cuando la ruptura será aun más dura y con mayores consecuencias. Pero, ¿cómo superar el dolor de una ruptura? Los siguientes consejos podrían ayudar en el proceso de sanación:

- ➤ Entregue a Dios su dolor.
- ➤ Tenga paciencia, el tiempo irá desdibujando la tristeza.
- ➤ Rodéese y hable con personas que le aman y déjese consolar.
- ➤ No niegue los sentimientos que tiene para la otra persona; sin embargo, recuerde constantemente las razones que tuvo para terminar la relación.

Relaciones de noviazgo y proyecto de vida

Sabemos que el futuro es incierto, y que lo único seguro que tenemos es el momento presente. La vida está llena de situaciones que no podemos controlar, y muchos hechos marcarán nuestro destino de una forma radical. Sin embargo, resulta necesario trazar un plan que dé dirección a nuestras acciones, pues si no sabemos cuáles son nuestras metas, ¿cómo sabremos hacia dónde dirigir nuestros esfuerzos?

> *Debemos aprender a detenernos y decir «no» cuando sea necesario*

Concebir y desarrollar un proyecto de vida es fundamental en la realización de todo ser humano. Cuando las personas perciben que su existencia tiene un rumbo, les puede resultar más fácil mantener una alta motivación para vivir, y para canalizar de manera adecuada su energía y su voluntad, estimulando así su crecimiento personal.

Construir un proyecto de vida se refiere al planteamiento de las metas y retos que una persona desea alcanzar en un cierto periodo de tiempo. Principalmente, tiene que ver con los sueños que se desean alcanzar en el futuro. La mayoría de las personas

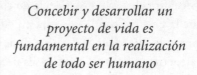

Concebir y desarrollar un proyecto de vida es fundamental en la realización de todo ser humano

aspira a tener una mejor calidad de vida, pero si esos anhelos no se traducen en propósitos concretos que cumplir, probablemente quedarán tan solo en buenos deseos.

Por consiguiente, cuando una persona traza metas a corto, mediano y largo plazo, se encuentra en mayor capacidad de visualizar su vida desde una amplia perspectiva. Al mismo tiempo, desarrollará más habilidad para situarse en una dimensión temporal distinta al presente. Esto se ve reflejado en las siguientes preguntas comunes, pero ciertamente de gran profundidad, para lograr visualizar, en alguna medida, el futuro: ¿cómo quiero que sea mi vida dentro de cinco años?, ¿y cómo dentro de diez años?, ¿cuántos hijos deseo tener?, ¿cómo me gustaría que transcurriera mi vejez?

A algunos les puede resultar fácil contestarlas; a otros les tomará tiempo encontrar una respuesta; y aun otros no serán capaces de responder del todo. La diferencia entre estos diversos niveles de entendimiento puede explicarse a partir de la claridad que la persona tenga de su plan de vida.

Indudablemente, la vida está llena de situaciones ajenas a nuestro control, y no podemos augurar a cabalidad cuál será nuestro destino, pero si no se establece un norte, nuestra energía se irá gastando en actividades que a la larga no llevarán a ningún fin en particular.

Como hemos venido enfatizando, la elección de una pareja no es un aspecto que debe darse a la ligera. Debemos ser conscientes de cuáles aspectos podemos negociar en una relación de pareja, y de cuáles no. Pero esto solo se logra con el conocimiento profundo de nosotros mismos, para luego darnos a la tarea de conocer al otro.

Si no se establece un norte, nuestra energía se irá gastando

Si usted ha hecho la reflexión anterior y empieza a descubrir que el proyecto de vida de su pareja dista mucho del suyo, esta es otra luz roja que se enciende. Conciliar proyectos de vida muy distintos a menudo requiere de un sacrificio muy alto en términos de realización personal. Esto es así aun cuando se dé el caso de que solo un miembro de la pareja, y no ambos, vea truncado su proyecto de vida.

> *Conciliar proyectos de vida muy distintos a menudo requiere de un sacrificio muy alto*

Hay que añadir que las principales directrices que fundamentan un proyecto de vida obedecen a una cosmovisión particular, por lo que es posible que las diferencias sean tan profundas que las cosmovisiones tampoco tengan punto de encuentro. Un ejemplo de lo anterior, se da cuando se profesan religiones distintas. Puede ser que los dos sean buenas personas, y a la vez espirituales; sin embargo, sus cosmovisiones pueden tener una brecha muy grande. Puede ser que en principio se tenga la percepción de que es posible la convivencia a pesar de diferencias tan profundas. Sin embargo, al pasar el tiempo, es probable que afloren diferencias fundamentales que no se sabrá cómo soslayar.

Por lo tanto, aquí es importante sostener la premisa de añadir inteligencia al amor, y no dejar que el capricho prevalezca. El amor no es «ciego». Por el contrario, el amor no puede más que estar fundamentado en el conocimiento profundo del otro. El amor tiene los ojos bien abiertos, pero el capricho los cierra para disimular y justificar.

Como ilustración de lo anterior, quisiera contarles la historia de una pareja que vino a verme hace unos años. Él provenía de una familia muy pobre, vivía en un barrio marginal y había crecido con muchas carencias. No obstante, era un hombre trabajador, inteligente, de buenos principios, lleno de sueños y que había aprendido a apreciar lo que tenía. Ella, por el contrario, venía de una familia más bien acomodada y había sido educada en los mejores colegios.

Según me contaba la joven mujer, hubo ocasiones durante el noviazgo en que, mientras ella paseaba por Disney, él vendía dulces en la calle. Sin embargo, me aseguraba ella, se amaban apasionadamente. Con todo, en

> *El amor tiene los ojos bien abiertos; el capricho los cierra para disimular y justificar*

un momento de nuestra conversación, hablando sobre la posibilidad de matrimonio, ella comentó: «Él es esforzado y valiente, y va a lograr salir adelante. Y yo sé que un día me dará una vida igual o mejor que la que ahora disfruto».

Uno pudo haberse sentido inclinado a pensar: «Este amor es de verdad». Sin embargo, con esa afirmación, ella estaba expresando que fundamentaba su amor en la ilusión de un cambio sustancial. A pesar de las buenas intenciones, aquella joven había idealizado su relación y había condicionado ya sus posibilidades de éxito. El problema no radicaba en sus diferencias materiales o de estrato social. El problema era que ella necesitaba que él le diera el estilo de vida y el estatus con el que había contado toda su vida; es decir, aquello a lo que estaba acostumbrada. Lamentablemente, aun con todo el esfuerzo y dedicación posibles, no había garantía de que eso en realidad iba a suceder.

La moraleja aquí es esta: «Usted no puede amar a otra persona en función de una promesa». Y esto es así porque, en el caso de la pareja de novios de nuestra historia, el éxito económico no dependía ni siquiera de él.

El amor es llano, acepta al otro tal y como es, y también acepta sus circunstancias. Una persona debe amar a alguien por la persona que es hoy. Mi recomendación a aquella pareja fue que terminaran su relación. El peso y la incertidumbre de hacer realidad los deseos materiales de la joven iban a acabar con la relación tarde o temprano.

Lo que quisiera que interioricen, para beneficio de mis lectores, es que, para que el amor pleno surja, se le debe añadir inteligencia al enamoramiento. Debemos aprender a razonar, y que ese razonamiento dirija nuestras acciones. De otra forma, serán las emociones, con su volatilidad intrínseca, las que nos gobiernen.

Escuche el consejo de quienes le aman. No idealice a la otra persona. Trate de percibirla tal como es hoy, y no por lo que cree que un día va a llegar a ser. Nadie puede vivir en función de una idealización. Por el contrario, se vive en función de la realidad. Él o ella son lo que son, con sus costumbres, con sus hábitos, con su inteligencia y con su habilidad. Por eso es necesario

> *Debemos aprender a razonar, y que ese razonamiento dirija nuestras acciones*

mantener los ojos bien abiertos, al tiempo que se aprende todo lo que sea posible sobre la otra persona. A la vez, hay que recordar que la oportunidad de conocer profundamente al otro se verá truncada si se da rienda suelta al deseo y al erotismo en la relación. El que ama, siempre sigue amando y, en lugar de centrar el interés en su propia satisfacción, pone el interés en la otra persona primero.

Por eso, les animo a que vivan no en función de la ilusión de encontrar el amor de sus sueños, sino en función de encontrar la plenitud y la realización personal. Si en el camino se cruza aquel otro que en su plenitud se perfila como la persona con la que podría compartir su proyecto de vida, adelante. Acéptelo como un regalo de Dios, como una añadidura, pero no como una necesidad fundamental para ser pleno y feliz.

> *La oportunidad de conocer profundamente al otro se verá truncada si se da rienda suelta al deseo y al erotismo en la relación*

Proyecto vital y sexualidad

Entonces, la aparición de preguntas como: ¿cómo quisiera que sea mi relación de pareja?, ¿cuáles son mis prioridades? y ¿qué tipo de familia deseo establecer?, son solo algunas consideraciones que encausarán el tipo de proyecto vital que anhelamos.

El proyecto de vida, al orientar el mundo interior y exterior de las personas, coadyuva a discriminar anticipatoriamente aquellas situaciones o influencias que pueden llegar a poner en riesgo, o bien, que pueden potenciar los objetivos de mayor valía. Por ejemplo, si deseo en verdad ser un buen profesional, me empeñaré en prepararme y trabajar arduamente, y tenderé a alejarme de amigos o allegados que busquen distraerme de tal meta con actividades nocivas como el consumo de alcohol o drogas.

Cabe destacar que la construcción del plan vital es dinámica, y debe ser coherente, de modo tal que nos permita crecer y alcanzar un bienestar cada vez mayor. Tal labor no es sencilla, ni se limita a la juventud, pero definitivamente muchas de las decisiones que se toman en esta época pesan para el camino futuro. Si bien es cierto que en la juventud, muchas veces, no se está seguro acerca de lo que se quiere a mediano y a largo plazo, sí existe al menos, una clara noción sobre lo que no se quiere para la vida. En este punto cobra interés el aprendizaje y la adquisición de la madurez en la capacidad de discernimiento. Definitivamente, en la adultez joven se alcanzan mayores niveles de libertad y de poder de acción y de decisión, pero ello también lleva implícito un incremento en la responsabilidad con los demás y consigo mismo.

Decisiones respecto a la sexualidad

Siguiendo el concepto expuesto sobre el carácter integral del ser humano, es fácil concluir que según el tipo de vida sexual que tengamos, así se afectarán directamente otras áreas de nuestra vida, como la calidad de nuestro proyecto vital.

Primeramente, es importante destacar, entre otras cosas, que una serie de problemáticas sociales han tomado fuerza en los últimos años a partir del ejercicio irreflexivo de la sexualidad. Para nadie es un secreto que la pandemia más letal de la actualidad viene incrementando su incidencia al afectar a poblaciones cada vez más jóvenes. El virus del SIDA es transmitido principalmente por la interacción sexual con alguien infectado, siendo difícilmente detectables los portadores hasta muchos años después de haber sido infectados. Esto ocurre porque el virus VIH requiere de un período variable de tiempo para que desarrolle el Síndrome de Inmunodeficiencia Adquirida y se empiecen a manifestar sus mortales síntomas. Si tomamos en cuenta que muchas personas mantienen relaciones sexuales con diferentes parejas, ignorando cuáles de ellas pueden tener una enfermedad sexual, es lógico pensar que el riesgo de contagio es alto. Así como el VIH es fácilmente transmisible, lo es también una amplia gama de enfermedades sexuales como el herpes, el virus del papiloma humano, la sífilis y la gonorrea, entre otros. Claramente, la vida del joven que adquiere uno de estos virus, se ve interrumpida y transformada, estableciéndose ahora como prioridad la lucha contra la enfermedad, y en algunos casos la asimilación de una ineludible muerte prematura.

Es usual que las personas consideren que esto no les pasará a ellas; que, de alguna forma, esto le sucede a tal o cual tipo de individuo, o bien simplemente prefieren no pensar en esta clase de consecuencias al vivir su sexualidad.

Hace algún tiempo conocí la historia de un joven que, llevando una vida comprometida con Dios, caminando en la construcción de su proyecto de vida y siendo un excelente músico, se enamora apasionadamente. Poco tiempo después inicia una relación de noviazgo con una muchacha que compartía su fe y muchos de sus intereses, formalizando así su relación.

Unos meses después, el comprometido músico le informa a su líder que ha tenido relaciones sexuales reiteradas con su novia. Se siente arrepentido pero a la vez confundido porque eso se estaba convirtiendo en una obsesión. Al poco tiempo, producto de esos encuentros sexuales, su novia queda embarazada.

A los días, él manifiesta el surgimiento de algunos ganglios que denotaban algo no común. Después de someterse a varios exámenes médicos, se entera de que tiene SIDA. Su vida se ve devastada y cae en un mar de confusión y depresión.

El líder espiritual del joven se encargó de informar a la familia de la novia lo sucedido, y luego de más exámenes e investigaciones del caso de ambos, se dan cuenta que ella había adquirido el virus unos años atrás. La tristeza y la desesperación llenaron no solo la vida de estos dos jóvenes, sino también la de sus familiares y amigos.

Pero lo más doloroso de la situación estaba por venir. Con el tiempo, ambos se han vuelto promiscuos, descuidados y portadores irresponsables de una enfermedad letal de transmisión sexual.

Al escuchar esta historia me surgió inmediatamente la pregunta, ¿por qué se volvieron promiscuos? Se les ve andar con varias parejas en franca conquista, y todos sus amigos están seguros de que no les informan que son portadores del virus, o que se protejan al tener relaciones sexuales. ¿Será que tienen un deseo de venganza por lo que les ha ocurrido? ¿Será que culpan a los demás por sentir que sus vidas están afectadas por lo que otro hizo? Lo que más me inquieta de esta historia es que he escuchado casos similares en varios países.

Considero que las decisiones en cuanto a la sexualidad y, en fin, en cuanto a todas las áreas de la vida, se deben tomar de forma reflexiva a partir de la convicción y no del miedo. Por lo tanto, la intención al prevenirles de las posibles consecuencias de las decisiones que ustedes tomen en cuanto a su sexualidad, no es provocar miedo sino más bien reflexión. Es decir, provocar que tomen conciencia de lo real de estas consecuencias, así como de la dicha de contar con salud y la posibilidad de poder aun tomar las mejores decisiones para su vida.

Sin lugar a duda, muchas personas están sosteniendo relaciones sexuales sin saber que es un juego mortal. En este juego la responsabilidad no es de los demás, es enteramente particular. Le corresponde a cada uno administrar su sexualidad sabiamente, sin dejarse llevar por las apariencias.

Por otro lado, es también notable el elevado número de madres y padres jóvenes que constituyen, en su mayoría, hogares monoparentales. Numerosos

jóvenes inician su vida sexual sin haber adquirido la madurez y autonomía necesarias para enfrentar la crianza de un niño. Es desafortunado que esta situación
se esté dando en tantos hogares, ya que la juventud es un período para otro tipo
de retos y no para asumir la tarea de la paternidad o maternidad sin haberse cons-
tituido el matrimonio. Está de más señalar que, ante estas situaciones, muchos de
los proyectos vitales que se plantean comúnmente los jóvenes, como terminar sus
estudios, salir con sus amigos y amigas, dedicarse a una afición o deporte, etcétera, quedan suspendidos ante la nueva responsabilidad. En algunos casos, como
consecuencia de la desesperación, del temor y de la falta de una correcta orientación, incluso se puede llegar a pensar en la interrupción del embarazo a través del
aborto. Tal opción, además de ser sancionable a nivel legal en muchos países,
constituye en el plano moral y espiritual, la trasgresión de un principio básico
como lo es el respeto a la vida humana. Psicológicamente, además, es muy probable que la persona manifieste una fuerte tensión interna caracterizada por la
angustia, la culpa y el arrepentimiento. Por otro lado, la salud de la madre se
expone peligrosamente ante una intervención quirúrgica como la del aborto
inducido, ya que los individuos que ejercen esta práctica, casi nunca cuentan con
la formación, ni con las condiciones fundamentales para evitar daños.

Algunos podrán alegar que tanto el riesgo del embarazo como las enfermedades sexuales son evitables con el uso del preservativo. Ciertamente, algunos
estudios señalan que el adecuado uso de este método reduce de forma significativa los riesgos. Sin embargo, lo que las estadísticas señalan es que un importante
porcentaje de adolescentes y jóvenes no lo están usando, lo hacen de forma inadecuada, o caen dentro del rango probabilístico de fallo del método. Esto evidencia
que la juventud casi nunca cuenta con la madurez necesaria para enfrentarse con
las implicaciones de una sexualidad activa. Muchos jóvenes que optan por tener
sus primeras relaciones sexuales en esta época, lo hacen de forma apresurada,
impulsiva, con dudas al respecto y falsas expectativas, en lugares inadecuados y
bajo situaciones desfavorables.

Por otro lado, el preservativo no se encarga de proteger ni el alma ni los
sentimientos. Como dijimos, el ser humano no es divisible en partes, por lo
que, cuando alguien se entrega a una actividad, lo hace con todo su ser. Por lo
tanto, implicarse en una actividad sexual con una persona es algo muy íntimo
y especial. Es decir, no podemos pretender que después de una experiencia de
este tipo las personas continúen sus vidas como si nada hubiera pasado. En la

juventud es muy natural que los noviazgos y vínculos de pareja sean transitorios y apasionados. Es por esto que, tras una experiencia sexual compartida, las emociones adquieran un carácter más intenso. De ahí que sea devastador emocionalmente asimilar un proceso de ruptura de la relación para aquellos y aquellas que tomaron la decisión de involucrarse sexualmente, creyendo que la otra persona era el amor de su vida.

Implicaciones de la postergación y de la actividad sexual prematura

Por lo general, aquellos que optan por el mantenimiento de relaciones sexuales fuera del matrimonio parten de una configuración desintegrada de la relación de pareja. Por ende, tienden a exponer a sus miembros a una serie de riesgos. El punto trascendental del asunto recae en cuándo se está verdaderamente preparado para asumir las consecuencias de nuestros actos.

El problema de las decisiones que se toman irreflexivamente, en etapas vitales prematuras, es que los posibles daños no solo afectan las metas y proyectos futuros del sujeto implicado, sino que además involucran a terceras personas. Cuando se complica la vida del joven y se sufre alguna problemática, la familia entera se preocupa y sufre con él o ella. Ante un embarazo, por ejemplo, la dinámica familiar se ve obligada a realizar ajustes en su funcionamiento interno, a nivel económico, en la distribución de las tareas, en las expectativas de superación de sus miembros, en la disponibilidad del tiempo, etc. Evidentemente, también sufre la pareja y, por supuesto, el niño o niña procreada, ya que no contará con un escenario favorable para sí.

Por lo tanto, es importante meditar en las decisiones que tomamos en cuanto a nuestra sexualidad, y hacernos preguntas válidas como: ¿realmente vale la pena someterse a un riesgo tan alto? Aquellos que optan por la postergación del inicio de la vida sexual, lo hacen pensando en su proyecto de vida, siendo consecuentes con el cariño que se tienen a sí mismos y a sus familiares, y demostrando responsabilidad como personas íntegras. El escenario ideal para tener relaciones sexuales es el matrimonio. El estado del matrimonio finalmente llegará en la mayoría de los casos, y es esa condición la que nos permitirá contar con un escenario favorable para disfrutar plenamente de la decisión de haber postergado la vida sexual.

CAPÍTULO XII

Con miras
al matrimonio

Es posible que muchos de ustedes no estén pensando en contraer matrimonio a corto plazo, sin embargo, el tema está intrínsecamente ligado al de la sexualidad y al proyecto de vida. Es por esa razón que nunca es demasiado temprano para empezar a planear para el futuro, especialmente cuando se trata de reflexionar y tomar decisiones, no solo en cuanto al tipo de persona con la que queremos compartir nuestra vida, sino también en cuanto a la clase de relación y dinámica familiar que quisiéramos establecer.

Por lo tanto, he considerado necesario mostrarles algunas reflexiones sobre temas importantes que se deben tomar en cuenta, de cara al matrimonio, en especial porque la sociedad actual plantea un panorama del matrimonio en el que, muchas veces, el divorcio se ve como un posible desenlace de la relación. Sobra decir que esto es un grave problema. La sociedad actual, cuya realidad lamentablemente se caracteriza por el abandono de los valores, necesita de parejas que se comprometan a formar familias que propicien una sociedad mejor para todos, permaneciendo y desarrollándose de forma saludable, con fidelidad y con amor. Estas familias pueden llegar a proveer el ambiente ideal que permitirá a niños y jóvenes crecer para continuar forjando un mundo más humano y una sociedad de justicia y esperanza.

Hay una frase que dice: «El matrimonio y la paternidad son las únicas dos profesiones en las que primero se entrega el título y el aprendizaje viene después». Definitivamente, comprometerse de por vida es una aventura en la cual se enfrentarán los más importantes desafíos y las más emocionantes experiencias. Todas estas deberán abordarse luego de haber empezado a recorrer el camino. No obstante, existen ciertos procesos de formación y de aprendizaje que toda pareja necesita procurar antes de enrumbarse hacia una vida conjunta y permanente.

La preparación para el matrimonio es un tiempo de formalidades, compromisos y decisiones. También es un tiempo para crecer personalmente, afianzar el propio carácter, conocer en forma más profunda a la pareja y acercarse, como futuros compañeros de vida, al evangelio que les brindará luz, esperanza y fortaleza en cada paso del camino.

¿Qué esperar del matrimonio?

Para muchas personas, una de las metas más importantes en la vida es poder encontrar a una persona especial con la cual contraer matrimonio y formar una familia. Cuando una pareja está muy enamorada, es común que se inicien proyectos con mucha intensidad, atracción y energía. Sin embargo, algo sucede en el camino de muchos matrimonios y es que, con el pasar del tiempo, esa motivación da paso al descuido del vínculo conyugal y a sentimientos de desilusión y sufrimiento.

Actualmente las tasas de divorcio son mucho mayores que en décadas atrás. La institución del matrimonio se ha vuelto muy vulnerable. Muchas parejas experimentan una grave incapacidad para resolver conflictos, lo cual es ejemplificado en las personas que prefieren optar por segundas y terceras nupcias, huyendo de las situaciones difíciles, arrastrando resentimientos y repitiendo errores, en lugar de intentar una búsqueda profunda de soluciones.

Es necesario establecer con seguridad que el éxito de la unión matrimonial es posible. Un matrimonio con éxito no es aquel en el que únicamente hay un sostenimiento legal del estado civil a lo largo del tiempo. Un matrimonio con éxito es aquel en el que el proyecto vital de ambos puede desarrollarse con flexibilidad, y de acuerdo a las posibilidades y circunstancias de la pareja. Aquel en donde ambos experimentan una relación afectiva y enriquecedora, caracterizada por la intimidad física y emocional, la exclusividad del vínculo sentimental y el respeto. Finalmente, un matrimonio con éxito es aquel en el que se comparten solidariamente las demandas cotidianas relacionadas con el sostenimiento económico, las tareas domésticas y la crianza de los hijos.

Existen matrimonios exitosos y personas que, después de muchos años, afirman con seguridad estar felizmente casadas. No obstante, el éxito del matrimonio comprende los esfuerzos compartidos de ambos miembros de la pareja con el fin de cultivar una relación saludable basada en principios y valores. Así mismo, son elementos indispensables las convicciones, la integridad y la perseverancia, tanto del hombre como de la mujer, los cuales les permitirán encaminarse, sobre la base de la confianza, en la construcción de un proyecto de vida compartido.

Los elementos antes mencionados no surgen espontáneamente cuando una pareja decide casarse. Requieren de compromiso, apertura para interiorizar las enseñanzas que les permitan tratar la relación en forma saludable, así como visión y metas de desarrollo personal. En los siguientes apartados se esbozarán algunas de las enseñanzas básicas para constituir un matrimonio con éxito en medio de una sociedad en la que es cada vez más difícil de lograrlo.

Es un gran reto

El matrimonio forma parte esencial de la condición humana actual. Puget y Berenstein afirman:

> *Toda organización social tiene alguna forma de pareja llamada matrimonial. Levi-Strauss la cita como una de las propiedades invariables, ligadas al comienzo de la familia... (y esta) se mantiene unida por lazos jurídicos, derechos y obligaciones de naturaleza económica, religiosa y otras, y por un conjunto variable y diversificado de sentimientos tales como el amor, el respeto, el temor, el afecto, etcétera.*[1]

El matrimonio goza de legitimidad social, es decir, que esta unión implica la aceptación explícita de un código normativo de carácter moral, sexual, económico y legal. Sin lugar a dudas, una vida matrimonial saludable proporciona un marco de estabilidad, de confianza, de seguridad, de pertenencia y de apoyo para los cónyuges. El matrimonio constituye la unión de un hombre y de una mujer, a través de un pacto en el que se dan una serie de intercambios orientados a la búsqueda del bienestar mutuo, basado en sensaciones afectivas y un proyecto de vida compartido.

Al contraer matrimonio, uno desea desarrollar un grado mayor de intimidad, exclusividad del vínculo sentimental, y la construcción de los proyectos vitales de procreación y búsqueda de estabilidad social y económica. Además, la unión significa la construcción de una nueva etapa de vida en forma compartida. Implícitamente, esta nueva etapa se enmarca bajo una serie de parámetros que circunscriben tanto lo prohibido como lo permitido. Es en el interior de estos parámetros que se articulan las expectativas y deseos individuales dentro de la relación conyugal. Algunos parámetros son los siguientes:

> *La vida cotidiana*: El matrimonio facilita un tiempo y un espacio determinados para que la interacción de la pareja sea constante. Además, proporciona a sus miembros un ritmo de encuentros y de tiempos separados dentro de las actividades diarias.

> *Proyecto vital compartido*: Cada pareja plantea, mediante la coincidencia de expectativas individuales, una serie de objetivos que anhelan ser satisfechos dentro del contexto del matrimonio: el deseo de generar descendencia, de forjar un patrimonio juntos y de integrarse como pareja a la vida social de la comunidad en la que se vive. Dicho plan o proyecto vital es comúnmente susceptible a variaciones.

> *Práctica monogámica*: Este parámetro implica una renunciación al posible involucramiento de la pareja en relaciones extramaritales, como desarrollar una intimidad y exclusividad afectiva intensa, así como física y sexual con alguien que no sea su cónyuge. Este compromiso garantiza la estabilidad del vínculo conyugal y brinda seguridad a las partes.

> *Perpetuación de la relación*: El matrimonio se proyecta en el tiempo a través de una continuidad indefinida. De este modo, los cónyuges adquieren, con el compromiso de la prolongación, la noción de trabajar para sostener la relación en los tiempos de adversidad, y los insta a idear soluciones pertinentes en las dificultades, para que el matrimonio sobreviva.

> *Reciprocidad*: La pareja forma una alianza por medio del matrimonio, en la cual es fundamental la mutualidad de

intercambios afectivos, distribución de tareas y acuerdo con respecto al sostenimiento económico de la familia. Esto con el fin de que la relación sea funcional y sostenible para ambos.

La vivencia personal de los valores

Con el pasar de los años, la convicción de que el matrimonio es para toda la vida ha ido perdiendo valor. La sociedad actual necesita una estructura comunitaria en la que las parejas puedan desarrollarse con libertad y amor. Los niños también necesitan de una estructura familiar que les permita crecer con un padre y una madre, dentro de un contexto de respeto y afecto. Sin embargo, a pesar de que el matrimonio es tan valioso para la sociedad y para el individuo, ha caído en la época de «lo desechable», al igual que los objetos que, al no funcionar, simplemente se desechan y se cambian por otro nuevo.

No obstante, el matrimonio ha de ser un compromiso en el que se promete cultivar y mantener viva la alianza compartida. Es claro que existen casos extremos en los que la disolución del matrimonio es necesaria. No obstante, lo deseable es que la unión crezca a partir de una promesa que ambos luchen por mantener, constituyéndose así en una institución que influya profundamente en la vida de la pareja y de la sociedad.

El objetivo de que una pareja se prepare para el matrimonio antes de casarse implica la convicción de que ambos lucharán por establecer una relación sólida. Esta convicción sirve como motivador para invertir el esfuerzo necesario en resolver los conflictos e incrementar los intercambios positivos que ayuden a convertir la vida matrimonial en una experiencia enriquecedora, dignificante y de apoyo afectivo para los dos.

Aunque existan circunstancias en las que el divorcio pueda ser una dramática realidad, el ideal de Dios para la familia es que se base sobre la construcción de un matrimonio saludable y enriquecedor para ambos cónyuges.

Como ya se ha comentado, el ser humano es integral en sus dimensiones fisiológicas y psicológicas (emociones, pensamientos y conductas), así como en su dimensión espiritual. Es por eso que la vida familiar atañe a estos tres ámbitos de la persona. Alguien que trate de buscar la integridad entre sus convicciones, su voluntad de obedecer a Dios, y sus conductas relacionadas con emociones y maneras de pensar, enfrentará el desafío del matrimonio de acuerdo con sus ideales y valores.

Toda persona funciona mediante la constante interrelación de estas tres dimensiones. Una no se desarrolla sin afectar a las otras dos. Es por eso que una decisión como el matrimonio tiene que ver con la integridad física, con el desarrollo psicoemocional, y con los fundamentos espirituales del hombre y de la mujer. Esta integridad permite a las personas alcanzar una experiencia de vida plena por medio de una historia que resulta coherente en lo respectivo a metas, creencias e ideales.

Matrimonios para toda la vida

En nuestros días es usual escuchar parejas pronunciando frases como «Si no da resultado, podemos separarnos», o «Te prometo que me quedaré contigo... mientras sigamos enamorados», o bien «Ya no te quiero, lo lamento», al referirse a su relación matrimonial.

El divorcio es una de las circunstancias más dolorosas y difíciles de superar en la vida del ser humano. Ello es así no solo para los cónyuges involucrados, sino también para los hijos e hijas, si los hay, y para las familias de origen.

El matrimonio se está enfrentado a todo tipo de ataques. El amor duradero en el matrimonio es posible y es necesario. Así como el compromiso es resultado de una decisión, también lo es el amor. El amor no es solo algo que sucede, sino que debe cultivarse para que se desarrolle. Toda pareja, antes de casarse, necesita evaluar diversos aspectos de su cosmovisión. A continuación se proponen algunos:

➢ *Reavivar el compañerismo (amistad).* Como se abordó en capítulos anteriores, *philos* es una palabra griega que se traduce por «amor de amistad». Un amigo es alguien con quien nos sentimos bien, con quien se disfruta la mutua compañía, y en la que ambos podemos trabajar y jugar juntos. Los amigos comparten intereses comunes. *Philos* es un amor que se expresa en compañía, comunicación y cooperación. La amistad permite que cada uno, al disfrutar sus propios intereses, haga partícipe a su cónyuge de los mismos. En la relación de amistad se debe mantener un equilibrio entre la unión y la individualidad.

➢ *Reforzar el compromiso.* El matrimonio es un compromiso incondicional en el que dos personas concuerdan. La palabra «comprometerse» es un verbo que implica la noción de «hacer o cumplir». Es una promesa o voto que confiere obligación. Es un voto que se traslada a la conducta y que debe prevalecer sobre toda dificultad. Comprometerse es más que soportar; se trata de mantenimiento e inversión, de trabajar para que la relación crezca.

➢ *Reconocer la importancia de la comunicación.* Una adecuada comunicación evita problemas, malos entendidos y perjuicios emocionales. Debe quedar claro que esta comunicación no solo debe contener una afectuosa disposición para hablar y escuchar, sino que además debe partir de una disposición de lograr objetivos y proyectos comunes.

➢ *Compartir los propios temores.* Las situaciones del futuro pueden abrumarnos y asustarnos; también las situaciones laborales, los resultados de exámenes de salud, etc. El matrimonio provee de una persona de confianza para descargar ese temor.

➢ *Compartir las frustraciones.* Estas provienen del trabajo, de la dimensión social más extendida o del hogar. Debido a la dimensión de las frustraciones, es necesario no guardarlas, ya que socavan la relación y dañan a la persona.

➢ *Compartir aspiraciones y proyectos.* ¿Dónde quisiera cada uno encontrarse dentro de cinco años? ¿Qué obstáculos encuentran en su camino? ¿Cómo trazarán juntos esa senda?

Compartir metas y sueños, así como necesidades y posibles obstáculos, permitirá a las parejas establecer con mayor claridad quiénes son y hacia dónde se dirigen, así como también reforzar el vínculo emocional de acompañamiento y amor que sirva de base sólida para el inicio del matrimonio.

La comunicación

El desarrollo de habilidades comunicacionales e intercambios positivos de cariño son capacidades que deben cultivarse en forma consciente y comprometida, tanto por parte del hombre como de la mujer, a la luz de las particularidades de la personalidad de cada uno, y con la ayuda y retroalimentación amorosa del otro.

En toda relación de afecto existen condiciones internas (en los pensamientos y las emociones), así como factores externos necesarios que permiten a la pareja madurar conjuntamente, en sus necesidades de comunicación y apoyo. Algunas condiciones necesarias para la convivencia amorosa de la pareja se basan en el establecimiento apropiado de acuerdos, particularmente en temas como: las decisiones acerca de los hijos, las relaciones con los amigos, las diversiones que comparten, la economía del hogar, el lugar de Dios en la vida cotidiana de la familia, entre otras áreas. Estas decisiones tienen repercusiones que encaminan la calidad presente y futura de la vida marital.

Ahora bien, conseguir un acuerdo satisfactorio para ambos cada vez que emerge un conflicto difícilmente ocurre de forma natural. En realidad, es excepcional que los acuerdos se den así. En muchas ocasiones, surgirán diferencias de criterio y fuertes desavenencias, lo cual es válido y sano dentro de la vida de una pareja que continuamente debe tomar decisiones y forjar su convivencia diaria. Sin embargo, la comunicación dentro del matrimonio es vital para que ambas partes puedan cultivar el amor que los une, y para decisiones claras respecto a la vida que se han comprometido a compartir.

A pesar de que existen muchas cosas que hacen del otro una persona atractiva, también hay muchos hábitos molestos y costumbres que, aunque no sean intrínsecamente negativos, se alejan de lo que la persona considera óptimo o ideal en su pareja. Algunos ejemplos incluyen: opiniones personales sobre temas relevantes de la vida diaria, como el uso del dinero, la forma de conducirse en la carretera, la vivencia de ciertas tradiciones (por ejemplo, Navidad o Año Nuevo), o hábitos relacionados con el mantenimiento del hogar y la distribución de labores y responsabilidades domésticas.

La comunicación trata de abordar estas situaciones de forma clara y directa, pero sin llegar a violentar las opiniones de la pareja. Es importante tomar en cuenta que el punto de vista de cualquier persona es valioso, aun cuando exista la posibilidad de que la persona esté equivocada. Desprestigiar las opiniones de la otra persona significa anular la validez de ideas que, para la pareja, ocupan un lugar importante. Cuando se trata de dimensiones como la espiritualidad, o de opiniones sociales y costumbres de las familias de origen, entre otros ámbitos, es fundamental que ambos cónyuges aprendan a expresarse con sensibilidad y respeto, aun cuando en ocasiones sea necesario cuestionar los puntos de vista de la pareja. Este sería el caso, por ejemplo, si sus puntos de vista amenazan la relación o la integridad física, espiritual y psicológica de alguna persona. Aun entonces, el trato de estos temas será más eficiente y cultivará la relación de mejor manera, si se aborda desde una posición sensible y con empatía.

Defina el fenómeno de la comunicación

Las personas siempre están comunicando algo. Incluso el hecho de ignorar a una persona comunica una renuencia a establecer contacto con ella. La comunicación es un proceso por medio del cual dos o más personas pueden intercambiar mensajes: una persona envía el mensaje y la otra lo recibe. Sin embargo, el mensaje que el emisor envía no es necesariamente el mismo que interpreta el receptor. Tanto las palabras como las reacciones emocionales, gestuales y conductuales, intencionales o no, emiten un mensaje. Este puede ser bien interpretado, o mal interpretado, por parte de la pareja.

Dentro de la relación romántica existen ciertos esfuerzos por parte de ambos cónyuges que les ayudan a ser mejores «escuchadores», y a incorporar modos de expresión más directos y sensibles a las necesidades del otro. El ingrediente fundamental consiste en una actitud colaboradora entre ambos como prerrequisito para desarrollar una comunicación saludable.

Dentro del acto de comunicarse es básico considerar las estrategias que cada uno se ha acostumbrado a utilizar a lo largo de su vida, ya que, naturalmente, así es como ambos reaccionarán en la vida matrimonial. También es necesario reflexionar sobre la influencia que cada mensaje tiene en las otras personas. Para esto hay que considerar las repercusiones, a mediano y largo plazo, que tienen las expresiones propias de ideas, de voluntad y de afecto en los sentimientos y opiniones de la pareja. Aun cuando la comunicación sea «efectiva» (es decir, que el mensaje se entienda), es necesario reflexionar en la propia capacidad para mantener principios de respeto, sensibilidad, empatía y honestidad que permitan cultivar una sana relación de pareja.

Condiciones que entorpecen la comunicación

El estado de una relación significativa entre dos personas influye sus procesos de pensamiento así como las respuestas emocionales y conductuales en la interacción de pareja. Para empezar, la relación es fuertemente influenciada por la opinión general que cada uno tiene del otro (algunos ejemplos pueden ser la atracción, la admiración, el resentimiento, etc.). La relación es también afectada por las interpretaciones específicas que cada cual tiene del comportamiento de su pareja (por ejemplo: «Él se porta así porque quiere impresionarme», o «Las intenciones de ella son…»).

La comunicación en la pareja es dinámica. Los pensamientos de cada uno de sus miembros generan emociones y comportamientos que, a su vez, alimentan los pensamientos y opiniones de la otra persona. Por ejemplo, de acuerdo con algunos autores, los pensamientos dolorosos, egoístas, o de resentimiento y venganza, generarán actitudes en la persona que ocasionarán reacciones emocionales y conductuales de resentimiento en el otro miembro de la pareja. Aun cuando haya desacuerdo entre ambos con respecto a las causas o a las razones de sus desavenencias, y acerca de quién tiene la razón, las reacciones emocionales y conductuales serán suficientemente recíprocas como para perpetuar o incluso acrecentar el malestar. La buena noticia es que el mismo proceso funciona también con las actitudes positivas, creativas y cariñosas, las cuales repercuten en un fortalecimiento del bienestar en la relación de pareja.

Una vez que se afirma la importancia de cultivar una actitud constructiva con respecto a la comunicación, es posible identificar algunos ejemplos de obstáculos comunes que muchas parejas enfrentan en la vida cotidiana:

➢ *Pobreza de contenido.* El mensaje es demasiado breve y poco personal. Ejemplo: «¿Cómo estás?» «Bien». Fin de la conversación.

➢ *Falta de especificidad.* Se trata de descripciones tan amplias que no permiten reconocer el problema concreto. Ejemplo: Ante la pareja que deja el baño muy desordenado, el otro hace un comentario general: «¡Eres muy desconsiderada!»

➤ *Mensajes verbales y no verbales contradictorios.* Ejemplo: «¡Cariño, pero préstame atención!» (Sin levantar la vista de su libro.) «¿Qué, cómo? Sí, sí, te estoy oyendo».

➤ *Exageraciones.* Atribuir todas las conductas anteriores y la mala intención de la otra persona. Ejemplo: «¡Siempre me haces quedar mal con mis amigos!» o «¡Nunca me prestas atención!»

Los ejemplos anteriores son obstáculos frecuentes en la comunicación. Entre otras posibles causas, se originan, ya sea para evadir a la otra persona, o para evitar exponerse a reconocer las propias equivocaciones. Sin embargo, estos problemas no contribuyen en lo absoluto a la resolución adecuada de los conflictos. Con el pasar del tiempo van erosionando aun más la relación de la pareja, ya que obstaculizan un punto de encuentro en el que cada persona tenga la oportunidad de comprender y de ser comprendido.

Comunicación asertiva: su importancia y sus ventajas

Maxwell nos dice que «la comunicación incrementa el compromiso y la conexión, lo que a su vez genera acción [...] las personas involucradas deben saber hablarse y escucharse mutuamente».[2] Saber escuchar y saber hablar son facultades que pueden resultar muy complejas. Las habilidades relacionadas con la *asertividad* incluyen la capacidad de hacer peticiones y el rehusar a responder a ciertas demandas. También incluye la capacidad de dar y recibir críticas así como también cumplidos por medio de una expresión clara y directa de los propios pensamientos, sentimientos y preferencias. Y todo eso la pareja deberá hacerlo de una forma que no resulte coercitiva y que se caracterice por el respeto y el afecto.[3] Así, la *comunicación asertiva* es una forma específica de intercambiar ideas en la que predominan tanto el respeto y cuidado por los sentimientos ajenos como la franqueza y la autenticidad para comunicar las necesidades y preferencias personales. Se trata de expresar nuestras ideas y sentimientos de forma apropiada, directa, respetuosa y honesta. El doctor Dobson ha llamado a este estilo de comunicación, «firmeza amorosa». Es la habilidad para comunicarnos con respeto y sinceridad, mientras generamos el espacio para que la otra persona haga lo mismo.

En la comunicación asertiva, cumplir con los objetivos va de la mano con la procura de las metas mutuas. No se trata únicamente de «ganar», sino de que la relación se fortalezca por medio del cuidado de una interacción armoniosa marcada por la tolerancia, la sensibilidad y el respeto. El equilibrio entre ambos aspectos es complejo, pero fundamental, para la convivencia y para la toma de decisiones.

Comunicarse en forma asertiva puede, en sus primeros intentos, sentirse forzado o poco auténtico, porque significa refrenar los impulsos emocionales y canalizarlos a través de formas apropiadas de expresión. Un consejo útil es manifestar con honestidad el deseo de que la comunicación de pareja mejore, y reconocer que, aunque en un principio sea difícil dejar atrás los hábitos dañinos, las nuevas formas de diálogo se sentirán más naturales a medida que pase el tiempo. A continuación se exponen dos técnicas de comunicación asertiva que han resultado útiles en procesos de terapia de pareja:

1. *La técnica del sándwich.* Con esta técnica, tomada de Caballo, la crítica y la retroalimentación pueden ser mejor recibidas si se dicen dos mensajes positivos en forma sincera, uno al principio y otro al final. Esto se hace también para posibilitar que la otra persona escuche el mensaje que le pudiera resultar incómodo, con mayor disponibilidad y sin sentirse amenazada. Por ejemplo, el siguiente diálogo:

   — *¿Cómo está el sándwich?*
   — *¡Me gusta! Preferiría menos mostaza la próxima vez. Pero está bueno.*[4]

2. *Evitar los absolutos.* También recomienda Caballo cambiar absolutismos («Tienes que…» y «Deberías de…»), por frases que reconozcan la libertad de la otra persona («Me gustaría que tú…» y «Yo prefiero…»). Otros absolutos que pueden resultar problemáticos en la comunicación de pareja son las expresiones *siempre* y *nunca*, refiriéndose al comportamiento de la otra persona («*Siempre me haces eso*», «*Nunca salimos*», etc.). Estas expresiones pueden sustituirse por los ejemplos específicos: «*Esta es la tercera vez en el mes que esto sucede*», o, «*En este año solo hemos salido una vez y creo que eso es muy poco*».[5]

Es importante reconocer que las técnicas de comunicación solo obtendrán sus mejores resultados si se originan en los principios genuinos de incondicionalidad, amor y deseo de mejorar la relación de pareja.

Diez consejos para una mejor comunicación

Algunos consejos prácticos para mejorar la comunicación de la pareja son los siguientes:

1. *Al enunciar un problema, procure iniciar con algo positivo.* No se trata de decir cosas en una forma forzosa o poco genuina sino de reconocer que es importante recordar los atributos por los que se aprecia a la pareja. Es necesario tener las cualidades de la pareja tan presentes como aquellas cosas que necesitan mejorar.

2. *Sea específico.* No se refiera a la persona misma, sino al comportamiento problemático. En lugar de decir: «Eres desconsiderado», es recomendable afirmar: «Eso que haces me hace pensar que no me tienes en cuenta».

3. *Exprese los propios sentimientos.* Hágale saber a su pareja el impacto emocional que usted experimenta ante su comportamiento. No es prudente asumir que los propios sentimientos son obvios para la otra persona.

4. *Sea breve y concreto al definir los problemas.* El objetivo de hablar sobre los problemas no es «rebuscar», en un análisis interminable, las fallas de alguno de los cónyuges. Si bien el propósito de mejorar la convivencia es reconocer los errores pasados, la idea es construir un mejor presente. Para ello basta una definición clara y concreta del problema, y reconocer los pasos necesarios para seguir adelante.

5. *Ambos miembros de la pareja deben reconocer su rol en el origen y desarrollo del conflicto.* Aunque en ocasiones uno de los dos sea quien con su conducta esté erosionando fuertemente la relación, es necesario reconocer, con humildad y valor, qué elementos han aportado ambos para llegar a la situación actual, y cómo ambos pueden mejorar para sanar y fortalecer la relación.

6. *Discuta únicamente un problema a la vez.* El intento de abordar al mismo tiempo todas las diferentes conductas que provocan malestar en la relación, genera confusión, desesperanza y frustración. Solucionar un problema a la vez permite a la pareja tener mayor esperanza de contar con las habilidades para afrontar las situaciones presentes, y aquellas en las que aún necesitan trabajar.

7. *No adivine lo que su pareja piensa.* Hablen solo de lo que pueden observar. Ninguna persona puede presumir la capacidad de leer el pensamiento, o de ser capaz de conocer las más profundas intenciones de otro ser humano, aun si ese otro es alguien tan cercano como la pareja. No obstante, las conductas que sí se observan pueden ser sujetas a discusión y a opiniones por parte de la otra persona.

8. *Opten por mantenerse neutrales, en lugar de acusarse mutuamente.* Este consejo se refiere a procurar «colaborar», en lugar de «pelear», cuando se realice una crítica. Comunicar opiniones, críticas o desacuerdos debe dirigirse al mejoramiento de la relación, lo cual hace necesario comunicarse en forma colaborativa y neutral. Esto quiere decir que no se ha de describir la conducta de la otra persona en una forma humillante, intimidante ni denigrante.

9. *Enfoque las soluciones.* La creatividad y la esperanza son algunos de los elementos indispensables para solucionar los problemas de pareja y crecer, hacia una mejor relación, con miras a un mejor presente y futuro. Esto quiere decir abordar los problemas con énfasis en las soluciones. También quiere decir visualizar los problemas de comunicación como áreas de crecimiento personal y conyugal, que requieren esfuerzo, pero que tienen posibilidades positivas de cambio.

10. *El cambio de comportamiento debe incluir mutualidad y compromiso.* La comunicación requiere de sensibilidad, esfuerzo y constante afán de mejorar. La perseverancia de ambos es necesaria. La certeza del compromiso de uno motivará y dará seguridad al otro. Esto acrecentará la satisfacción en la relación, así como el crecimiento que, como pareja, devenga del esfuerzo de ambos.

Las muestras de afecto

La afectividad es el conjunto de emociones, comportamientos y deseos que llevan a una persona a superar el aislamiento, estableciendo relaciones de cercanía con sus semejantes. La afectividad en la pareja comprende el compañerismo, la lealtad a pesar de las dificultades y la sexualidad, incluyendo todos los intercambios físicos y verbales de cariño.

Una vida afectiva sana comprende tanto el «dar» como el «recibir», de manera que la falta de alguno de estos dos elementos posiblemente desembocará en carencias y frustraciones. Nadie puede vivir de manera plena si se percibe emocionalmente aislado de las personas a quienes ama. No obstante, al dar y recibir muestras físicas y verbales de cariño y deseo de cercanía, es necesario reconocer que no todos manifestamos el afecto de la misma forma.

Las reacciones emocionales de las personas en diferentes circunstancias son el resultado integral tanto de su personalidad como de sus experiencias en relaciones anteriores, además de la historia misma de su relación presente. En un hombre o en una mujer puede existir la dificultad de expresar sentimientos, ya sea debido a un déficit en la habilidad para nombrar y describir las propias emociones, o en la habilidad para regular la intensidad con la que estas son manifestadas. Eso está influenciado por sus estándares personales acerca de cómo reaccionar ante situaciones emocionalmente cargadas, y los estilos de resistencia ante los conflictos (hostilidad, aislamiento, alteración emocional, etc.).

Para algunas personas, es difícil expresar muestras de afecto, o les puede resultar incómodo recibirlas. Para otros, tanto el dar como el recibir afecto es problemático. Existen razones por las que se podría pensar que esto sucede. Una razón sería, porque no lo han visto o aprendido en su hogar; otra, porque no quieren dar una imagen de vulnerabilidad y optan por ocultarse detrás de una postura según la cual «no necesitan de los demás». Un motivo para esta actitud puede ser el temor a ser traicionado o herido. Debe quedar claro, sin embargo, que dar y recibir afecto no es asunto de presionar a alguien a hacer algo que, en el preciso momento, no se sienta cómodo o cómoda haciéndolo.

La necesidad de reforzar valores

Los valores son las creencias profundas que determinan la forma en la que una persona se relaciona consigo misma y con los demás. Estas creencias bien fundamentadas definen la manera en la que se concibe el mundo y la vida en general. Los valores también responden a ideas, y podrían o no verse acompañados de sentimientos, sin embargo, rigen la conducta en una forma relativamente estable.

Cuando una pareja decide enrumbarse hacia el matrimonio, es indispensable establecer cuáles son los valores fundamentales que dirigirán la vida cotidiana y el planteamiento de proyectos a corto, mediano y largo plazo. Definir valores como pareja comprende el proceso de adquisición de comportamientos socialmente aptos para crecer, madurar y relacionarse en forma adecuada.

Algunos valores fundamentales que es necesario discutir incluyen el amor como decisión estable, la fe en Dios, el amor a la humanidad, el respeto, el sentido de justicia, la integridad, la fidelidad, la sinceridad, la humildad de espíritu, la autodisciplina y el dominio propio, entre otros. Aunque el mantenimiento de los valores es desafiante para cada persona, conocer, como pareja, las convicciones que sostiene cada uno, permite el apoyo mutuo, y provee los parámetros para la tomar decisiones fundamentadas en principios sólidos.

La insensibilidad, la fatiga y la presión de la falta de tiempo, así como los sentimientos de culpabilidad o rivalidad en la vida de pareja —y, con la posterior paternidad y maternidad, en la vida de familia—, pueden ser peligrosos obstáculos para el mantenimiento de valores y para inculcar los mismos a los hijos. Aun cuando se acepten «en teoría», el propósito de asumir valores y principios es que estos se conviertan en creencias centrales y profundas. Las tensiones de la vida cotidiana son un continuo desafío. Sin embargo, tomar decisiones claras previamente es una útil ayuda para hacerle frente y fortalecer hogares establecidos sobre principios firmes.

¿Cómo se tomarán las decisiones una vez estén casados?

Tanto el proceso de toma de decisiones como la resolución saludable de conflictos, son habilidades que la pareja debe empezar a desarrollar antes del matrimonio y continuar implementando a lo largo de toda su convivencia. Algunos de los aspectos que se deben tomar en cuenta son:

➤ *Responsabilidad financiera.* Comprender el valor del dinero y de las pertenencias —tanto propias como ajenas— es útil para desarrollar responsabilidad, empatía y disciplina. Es importante administrar con sabiduría los recursos disponibles y brindar herramientas a los hijos para que puedan hacerlo, aun cuando los padres y madres no estén presentes.

➤ *Administración del tiempo.* Reconocer que hay un tiempo para cada cosa es de gran utilidad.

➤ *Ser atentos y serviciales.* La empatía y la solidaridad quedan muy limitadas si se reducen a deseos y palabras. Los valores del servicio y la colaboración cobran vida en la medida en que se acostumbre a los miembros de la familia a siempre tomar la iniciativa de ofrecer su ayuda cuando alguien esté enfrascado en alguna labor.

➤ *Trabajo y esfuerzo.* La ley del «mínimo esfuerzo» rige en la vida de las personas, implantándose en la propia actitud desde edades muy tempranas. En el seno de la familia es importante enfatizar el valor de explotar el máximo de la propia capacidad en cada una de las actividades que se emprendan. Este valor permite a las personas forjar la excelencia en su vida, independientemente de las recompensas inmediatas.

➤ *Respeto.* La raíz del respeto es la conciencia de la humanidad de la otra persona. Si se tiene presente que la otra persona tiene sentimientos, opiniones muy personales, el derecho a equivocarse y la necesidad de sentirse amado o amada, es posible brindarle el espacio que necesita para expresarse y para crecer como ser humano. Es importante tomar la iniciativa para brindar respeto, así como para solicitar respeto, en el momento en el que se perciba que se socava la dignidad personal.

➤ *El arte de la amistad.* El valor de la amistad consiste en una constelación de habilidades sociales como lo son el respeto, la confianza, la proximidad, la disponibilidad, el sentido del humor y la lealtad, entre muchos otros. Desarrollar la amistad en la pareja y cultivar amistades con otras personas, brinda una seguridad afectiva y un mayor disfrute de la vida cotidiana.

➤ *La honestidad.* El valor de la honestidad implica la capacidad de hablar con la verdad, con respeto y consideración. La franqueza y la habilidad de ser genuinos el uno con el otro permite aprender a expresar y a escuchar tanto las cualidades, las virtudes y los cumplidos, como las críticas, los problemas y las áreas a mejorar.

¿Cómo establecer valores familiares?

Es usual que, previo al matrimonio, no se discutan «pequeños» detalles de la vida diaria que, una vez se inicia la vida conyugal, toman verdadera importancia. A continuación algunas sugerencias que ayudarán a la pareja a propiciar una transición más favorable hacia la vida juntos, y que sentarán las bases para una convivencia saludable.

- Convierta la *responsabilidad* y la *colaboración* en dinámicas rutinarias de la vida. Esto empieza por la repartición de tareas en una forma racional y justa, de acuerdo con las posibilidades de tiempo y capacidad de cada uno. Ciertas costumbres pueden ayudar, como lo es tomar turnos para realizar ciertas tareas, y tratarse con flexibilidad, servicio mutuo y solidaridad en los quehaceres diarios.
- Es importante acompañar a los seres queridos cuando atraviesan situaciones difíciles, pero sin impedirles *enfrentar las consecuencias de sus actos* (consecuencias laborales, materiales y familiares, o tener que disculparse con alguna persona). Esto transmite un poderoso mensaje de que cada persona debe hacerse responsable por las consecuencias de sus decisiones.
- El *afecto* debe ser una constante. Ante una situación difícil, *procure respirar hondo e intentar hablar sobre la situación con calma.* La solución de problemas no es un desahogo emocional sin restricciones. La cercanía, la empatía y el respeto son fundamentos que deben irse profundizando en la relación.
- ➤ La *formación espiritual y la adquisición de valores* constituyen un beneficio disciplinario fundamental para los hijos en el futuro.

Aprender acerca del amor de Dios y participar activamente de su fe, es una excelente escuela para madurar en fidelidad, confianza, dignidad, justicia y obediencia. Como pareja, es muy importante definir estos parámetros y tomar decisiones *antes que los hijos lleguen.*

Resolución de conflictos

En toda relación de pareja, si una de las personas asume cambios significativos, de una u otra manera la otra se verá afectada. Es por eso que todo cambio importante requiere comunicación, preparación y establecimiento de acuerdos. Las reacciones de ambos cónyuges ante la resolución de conflictos pueden sostener, alimentar, obstaculizar o incluso amenazar el equilibrio en la relación de pareja, ya que los ajustes y enfrentamientos conyugales exponen a ambos a situaciones de angustia.

Ahora bien, cuando cada uno tiene una sólida confianza en sí mismo, y busca consejo y sabiduría para apoyar el desarrollo de la vida en pareja, los conflictos no constituirán una amenaza tan grave. Sin embargo, la mayoría de las veces, la resolución de conflictos es un desafío y una aventura interesante.

En toda relación entre un hombre y una mujer, tanto él como ella devienen de historias distintas de aprendizaje. A medida que una relación progresa, cada persona empieza a entrar en contacto con las diferentes facetas del otro, en una vasta diversidad de situaciones. Ven el humor del otro, conocen los amigos de cada uno, sus familias de origen, y las preferencias, los hábitos, los valores y los patrones de conducta.

Sobra decir que, con el pasar del tiempo, se hace evidente que ambos no siempre van a querer lo mismo, al mismo tiempo y de la misma manera. El conflicto es inevitable. Algunos de estos conflictos se pueden valorar como explosivos, ya que disparan emociones fuertes en uno de los miembros de la pareja, o en ambos. Del mismo modo, la forma en la que se han tratado los conflictos en el pasado puede generar nuevas situaciones conflictivas en el presente.

Posibles disparadores de conflictos

Los conflictos son causados por las diferencias entre las personas que están compartiendo diferentes ámbitos de su vida. Con mayor razón, el conflicto es difícil de tratar en la vida de pareja, ya que son muchas las dimensiones que ambos están compartiendo y la cercanía genera fricciones. Algunas diferencias que no fueron consideradas importantes durante el noviazgo pueden convertirse en fuertes motivos de conflicto en etapas posteriores de la vivencia conyugal. Existen diferentes formas de ajustarse a la vida de pareja, así como de interpretar el origen del conflicto. Los patrones de los hogares de origen, los hábitos de cada uno, las costumbres de infancia para comer, limpiar y servir, así como estilos para lidiar con asuntos financieros, todos son potenciales elementos que resultan incompatibles al momento de la convivencia diaria.

Cuando surgen los conflictos

Huston y Houts[6] realizaron un estudio longitudinal en Estados Unidos, donde estimaron la probabilidad de que las personas buscaran una pareja con preferencias compatibles. Este estudio contribuye con la literatura existente sobre compatibilidad en el cortejo, buscando identificar vínculos empíricos entre la búsqueda de una pareja socialmente similar a uno mismo. Esta similitud tiene que ver con los intereses recreativos, las preferencias de roles relacionados con la vida cotidiana, y la dinámica de las relaciones anteriores de noviazgo de cada uno. La información fue recolectada durante la década de los ochenta en Pensilvania, entre ciento sesenta y ocho parejas de clase obrera, o de clase media, casadas por primera vez.

La estimación de los resultados evidenció una probabilidad del diecisiete por ciento de que los sujetos encontraran alguien compatible en estas tres dimensiones. El promedio de las personas entrevistadas reportó haber salido con unas cinco personas en forma «más que casual» antes de casarse, con variados niveles de similitud e incompatibilidad. Según esta muestra, encontrar una pareja cuyas preferencias fueran compatibles en más que unas cuantas dimensiones, es difícil.

La incompatibilidad y por ende el conflicto, según estos datos, es casi una certeza en la vida de las parejas. En la conclusión del estudio se argumenta la importancia de establecer matrimonios en los que exista una variada combinación de los atributos de cada uno de los miembros de la pareja, en las áreas de lo social, sus atributos psicológicos, y sus experiencias anteriores de cortejo.[7] Así las cosas, es fundamental que toda pareja pueda prepararse en forma apropiada para enfrentar de modo asertivo los posibles conflictos que enfrenten con el pasar del tiempo.

Hábitos y decisiones

La incompatibilidad no solo se refiere a hábitos y costumbres triviales en la dinámica de la pareja. También puede referirse a cuestiones más profundas y serias. Creencias respecto al rol del hombre y de la mujer en el matrimonio, conductas que alguno de los miembros de la pareja puede interpretar como irrespetuosas, formas de expresar afecto, las decisiones sobre la crianza de los hijos, el lugar en el que vivirán o construirán una casa, las relaciones actuales con la familia de origen, o el uso del dinero, son solo algunos de los muchos temas que pueden generar conflictos en la vida de pareja.

Creencias, expectativas y atribuciones

Más allá de las cuestiones externas, la psicología ha procurado encontrar causas que permitan a las parejas entender los orígenes de sus conflictos. Desde un modelo psicológico y cognitivo, la vida en pareja se considera a partir de los pensamientos generales que cada uno tiene del otro, como las interpretaciones específicas que cada uno hace del comportamiento de su pareja. Por consiguiente, también se analizan los intercambios emocionales y conductuales entre ambos.

Esta perspectiva se centra en la forma de pensar de cada persona, buscando evaluar los esquemas de pensamiento que exacerban y prolongan los conflictos, así como la forma más efectiva de enfrentarlos en modos más satisfactorios.

Resolución asertiva

Frente a una situación conflictiva existen diversos caminos: anticiparlo y prevenirlo; evadirlo, ignorándolo; o enfrentar el conflicto, una vez que ha emergido. La vida en pareja implica compartir una amplia variedad de experiencias. Enfrentar conflictos es esperable y necesario para ir resolviendo cada situación que se presente. Esto es normal. Jacobson y Christensen han llegado a la conclusión de que no importa cuánto tiempo tome la pareja para considerar su unión, o con cuánto cuidado cada uno elija al compañero o compañera (sea por medio de un cortejo cuidadoso, considerando las opiniones de amigos más experimentados, o con la guía de libros de consejos); siempre existirán características en la otra persona que, simplemente, no compaginan con uno.[8]

Algo importante para interiorizar es que el conflicto es parte de la vida en pareja. Las características incompatibles garantizan el desacuerdo en algún punto de la relación. El núcleo de los conflictos interpersonales se encuentra en la discrepancia de los objetivos, las metas, los valores o las perspectivas que posee cada persona. Sin embargo, sigue siendo importante el proceso de decidir la consolidación de la vida conjunta, definiendo si los principios y proyectos de cada uno pueden confluir en un proyecto conjunto. Sin duda, las diferentes etapas que atraviesa cada persona para decidir comprometerse y convivir con alguien, tienen repercusiones relevantes en la aventura que será el vivir juntos.

Existen diversas formas en las que se puede hacer frente a los conflictos. A la hora de discutir o de tomar decisiones, será con base en la percepción que cada uno tenga de lo que es válido y de lo que no lo es que la pareja, ahora juntos, irá determinando las reglas de cómo afrontar las diferencias. Por supuesto, este proceso no es sencillo. Siempre se verá complicado por las reacciones emocionales, el cansancio diario, los problemas de comunicación, y las expectativas o atribuciones erróneas que tomen lugar entre la pareja.

Algunas expresiones comunes por parte de uno o ambos miembros de la pareja, al encontrarse con un desacuerdo, incluyen:

- *¡Mejor no hablemos de esto!* (El propósito es postergar o llanamente evitar el conflicto.)
- *Yo siempre tengo la razón.* (Se persiguen los propios intereses, ignorando los del otro. Es un modelo competitivo y basado en el poder.)
- *Lo que tú digas, cariño.* (Se relegan a un segundo plano los propios intereses para satisfacer los del otro. Es una manera diferente de evadir el conflicto, lo cual puede funcionar momentáneamente. No obstante, si se reacciona así en todas las ocasiones, genera fuertes sentimientos de resentimiento y frustración.)
- *Resolvamos esto juntos.* (Se colabora con la otra persona para un fin común.)

Como se ha dicho, la singularidad y diversidad de la condición humana establece que existan diferencias. No obstante, la actitud y la forma en que cada uno se exprese, así como la interpretación que cada cónyuge haga de la situación particular, son los aspectos fundamentales que determinan una buena o mala resolución de los conflictos.

Existen factores que exacerban los conflictos y que, más bien, erosionan la relación de pareja. Algunas conductas que ejemplifican estos factores podrían ser:

- *Culpar al otro.* Esta estrategia, en lugar de buscar soluciones, se centra en determinar quién tiene razón y quién está equivocado. Además de convertirse en un debate acusatorio, el conflicto se vuelve una discusión que busca tener un ganador y un perdedor. Ante esto, e independientemente de quién haya iniciado el problema, la relación de pareja sale perdiendo.
- *Minimizar los sentimientos del otro.* Frases como: «No sabes de lo que estás hablando», o «No es para tanto», crean en la otra persona una sensación de incomprensión que paraliza la comunicación de pareja. Aunque no se esté del todo de acuerdo con lo que la pareja está tratando de expresar, siempre es necesario procurar la empatía y, al ponerse en los zapatos de la otra persona, buscar juntos una solución.
- *Buscar los intereses individuales y no los de la pareja.* Los conflictos son oportunidades para crecer en amor, comprensión y armonía. Sin embargo, para que esto se dé, es necesario que ambos miembros de la pareja estén dispuestos tanto a pedir apoyo en algunas ocasiones, como a ceder en otras. La relación gana mucho cuando ambos están dispuestos a «perder un poco», de manera razonable. Por otro lado, si el único objetivo de cada uno es no ceder nunca y «ganar siempre», el matrimonio empezará a sufrir paulatinos, pero graves daños.

La forma en la que una pareja se comunica es particular y diferente a la comunicación dentro de las otras relaciones interpersonales de cada uno. Sin embargo, especialmente en el contexto de las relaciones más cercanas, es necesario tomar conciencia de las maneras en las que se están transmitiendo los mensajes, y las consecuencias emocionales y conductuales a la hora de hablar con la pareja. En la vida de pareja, el comunicarse asertivamente requiere saber reconocer cuál es la respuesta a nivel de comportamiento que se desea en la otra persona, y cómo poder hacer la solicitud en una forma respetuosa, poniendo de manifiesto el amor de pareja que comparten, pero a la vez expresando, en forma clara y directa, las conductas que podrían contribuir a que ambos estén mejor.

1. Control emocional

Es normal que, ante diferentes circunstancias de la vida en pareja, se experimenten emociones o estados de ánimo muy variados, tanto positivos —alegría, ternura, admiración, gratitud, pasión—, como negativos: irritabilidad, tristeza, fastidio. Las sensaciones agradables, al igual que las desagradables, tienen su razón de ser, y permiten a cada persona valorar y apreciar las circunstancias que, como pareja, se están enfrentando. Sin embargo, algunas personas pierden el dominio de sus emociones y se ven abrumadas por una intensa corriente de reacciones, lo que les lleva a darse a sí mismas el permiso para actuar impulsivamente.

Generalmente, las personas que tienen dificultad en el tratamiento de sus emociones, pueden ser pasionales, coléricas, depresivas, ansiosas o sensibles, entre otras posibilidades, de acuerdo a su estructura personal y según el caso. Este tipo de dificultad no facilitará la resolución de los conflictos ocasionales. Es necesario entender, como pareja e individualmente, qué está ocurriendo con la mente de uno, y cuáles son las reacciones reflejas en el cuerpo cuando se enfrenta un conflicto. Es así como se logran comportamientos adecuados y un manejo emocional más sano. Esto permitirá un enfrentamiento más satisfactorio de las diferencias y una convivencia más feliz.

2. Semejanzas y diferencias

El tratamiento asertivo y emocionalmente apropiado de los conflictos facilitará el enfrentamiento asertivo y apropiado de los mismos. Ahora bien, estos pueden originarse de diferentes fuentes. Tanto las semejanzas como las diferencias que fueron la base para la atracción inicial de la pareja pueden, con el pasar del tiempo, convertirse en orígenes de incompatibilidad. No es poco común que las diferencias entre los miembros de la pareja, que en un primer momento fueron atractivas, en el presente más bien resulten molestas y difíciles de manejar.

Las similitudes también pueden generar conflictos. Jacobson y Christensen incluso lo plantean de esta forma: «Las semejanzas que fueron fuente de atracción, pueden también convertirse en la base del conflicto».[9] Mencionan el ejemplo de una pareja cuyos altos ideales políticos y sociales mantuvieron a ambos distraídos de buscar seguridad financiera y laboral para el desenvolvimiento familiar. Después de una convivencia de diecisiete años, y con dos hijos jóvenes, ambos se reprochan las carencias materiales que experimentan en el presente. Otra semejanza que puede desencadenar un conflicto es cuando ambos miembros de la pareja son extremadamente apegados a sus familias de origen, y se hace necesario decidir con quién pasar festividades o cada cuánto visitar a los padres de cada uno.

Normalmente, el principal disparador que origina una problemática interpersonal es la defensa a ultranza de los argumentos o posiciones que sostiene cada parte involucrada. De esta forma, las personas se centran en los puntos de desacuerdo e ignoran las alternativas de confluencia que posibilitarían soluciones creativas. La sensación de sentirse amenazado, el ímpetu por salir ganador, y el típico egoísmo que permite situarse en la posición del otro, facilita la aparición de conflictos, especialmente en el contexto de las relaciones personales más próximas.

3. Técnicas para resolver conflictos

El objetivo, ante un conflicto, es encontrar una solución práctica que pueda satisfacer, parcialmente, a ambas partes. Involucra una repartición donde ambos ceden algo, con el fin de que los dos también obtengan algo, y así lleguen a una decisión mutuamente aceptable. Dado que el conflicto es un elemento natural y esperable en toda relación humana, se han desarrollado diversos manuales y teorías acerca de cómo sobrellevar y solucionar los conflictos. Algunas propuestas, como lo son la *mediación*, *resolución de problemas* y *negociación*, se describen a continuación:

Mediación de un tercero en los conflictos de la pareja

Aunque esta estrategia se ha desarrollado, sobre todo, en el campo jurídico, sirviendo como herramienta ante separaciones y división de bienes, múltiples terapeutas de familia la están implementando en el acompañamiento de parejas que, sin estarse separando, necesitan apoyo para tomar una decisión sobre algún tema en el que parecen no poder encontrar el acuerdo.

La mediación consiste en involucrar una tercera persona, que sea el «mediador» entre ambos miembros de la pareja. Esta tercera persona regula el intercambio emocional y verbal durante el conflicto, asegurándose de que ambos tengan un uso equitativo del tiempo y de la palabra. También se asegura de que ambos mantengan las reglas que se establezcan: respeto, comunicación asertiva y abstención de insultos o temas sensibles ajenos a la discusión. Esto permite un mejor juicio de las perspectivas de cada uno de los miembros de la pareja.

Aunque el propósito es que el mediador cuente con la confianza y cercanía de la pareja, lo recomendable es evitar invitar a amistades, familiares u otros conocidos de ambos. Lo idóneo es que sea una persona neutral, sin inclinaciones por favorecer a alguno de los dos. Es apropiado que tenga una formación en ciencias humanas, sociales o jurídicas y conocimientos básicos de derecho de familia, teorías de la negociación, y técnicas de entrevista y de resolución de conflictos.[10]

Por otra parte, es importante que busquen un mediador que muestre algunas cualidades como la empatía, la facilidad para la comunicación, la sensibilidad afectiva y emotiva y que, en la medida de lo posible, esté acreditado como consejero o terapeuta. El mediador necesitará saber utilizar un lenguaje neutro, técnicas de escucha activa, y un adecuado control de las emociones propias. Debe tener capacidad para detectar los bloqueos de la comunicación entre los cónyuges, especialmente cuando el conflicto parezca llegar a «puntos muertos».

Ahora bien, aun si la pareja tuviera la fortuna de encontrar un excelente mediador o mediadora que responda y aun sobrepase todas las recomendaciones, un principio fundamental de la mediación consiste en que el mediador no tiene poder de decisión respecto al conflicto en sí. Si esto no está claro, la expectativa de que el mediador o mediadora tome partido por alguno de los dos, o influya en la decisión final de la resolución del conflicto, puede acarrear grandes frustraciones en uno o en ambos. La solución de conflictos en la pareja puede ser llevada a cabo únicamente por la pareja misma. A diferencia del arbitraje, la mediación es imparcial, buscando facilitar y equilibrar el intercambio de opiniones, pero dejando las decisiones finales en manos de la pareja.

Resolución de problemas

Al resolver un problema, con el fin de tomar una decisión, es recomendable contar con una estructura básica, según Epstein, et al. La propuesta de estos autores consiste en que la pareja, al encontrarse en un punto en el que parecen no poder encontrar soluciones, se den la oportunidad de seguir los pasos que se describen a continuación.

De ser posible, es mejor hacerlo también por escrito:

1) *Discutir la naturaleza del problema, tratando de conversar sobre las causas del mismo y las consecuencias negativas que, como pareja, están enfrentando.*

2) *Generar soluciones alternas, sin evaluaciones prematuras que puedan inhibir la creatividad.*

3) *Evaluar sistemáticamente los costos y los beneficios de cada solución potencial.*

4) *Seleccionar, por consenso, una solución o una combinación de soluciones que resulten accesibles y deseables.*

5) *Planear pasos específicos para cada persona involucrada en la implementación de la solución.*

6) *Evaluar los resultados.*[11]

En este mismo esquema, D'Zurrilla y Goldfried proponen cinco pasos basados en las siglas de la palabra de inglés *solve*, que significa *solucione*:

S: *Saber el problema que están enfrentando como pareja.*

O: *Observar la propia respuesta, antes que la de su cónyuge.*

L: *Listar, juntos, alternativas de solución*

V: *Ver las consecuencias de la solución que escogieron.*

E: *Evaluar juntos los resultados.*[12]

Negociación

La negociación, en principio, parece ser muy similar a las estrategias de *resolución de conflictos*. No obstante, las técnicas de negociación implican, en cada etapa, estrategias de comunicación asertiva y, ante todo, una actitud en la que ambos «cedan un poco», para que la relación de pareja «gane». El objetivo en la negociación es encontrar una solución mutuamente aceptable, que pueda satisfacer a ambos cónyuges. La negociación involucra la apertura a renunciar a algunas cosas, para llegar a una decisión mutuamente satisfactoria, donde los dos también se vean beneficiados. Algunos factores necesarios para llegar a una buena negociación son los siguientes:

- *Definir un procedimiento.* Identificar los intereses de ambos y desarrollar un acuerdo acerca del procedimiento por medio del cual se va a negociar (por ejemplo, haciendo listas de «pros» y «contras», tomando turnos para exponer la opinión de cada uno, buscando la ayuda de un mediador, decidiendo detenerse si están emocionalmente exaltados, entre otros acuerdos).
- *Definir el problema*, buscando, cada uno, entenderlo y legitimarlo desde el punto de vista de la otra persona. «Ahora sí, ¿cuál es el problema que estamos enfrentando?» (Utilizar el parafraseo y exponer la opinión propia en forma de pregunta). Una herramienta útil para este propósito consiste en el uso de la técnica del *parafraseo.* Esta técnica consiste en que, una vez que uno de los miembros de la pareja haya expuesto su opinión, el otro responde: «Lo que estoy escuchando que piensas / sientes es que... (se dice el problema que la otra persona expuso)», y al finalizar se añade: «¿Estoy entendiéndote correctamente?» Luego se permite a la otra persona corregir y retroalimentar lo que la pareja ha descrito. Una vez que ambos se sientan satisfechos, cada uno propone su propia opinión de lo que la otra persona ha dicho en forma de pregunta. Por ejemplo: «Pero, ¿no te parece que...?», «¿Crees que sería mejor si...?»
- *Definir la meta de la negociación:* «¿Estamos de acuerdo hacia dónde vamos?», «¿Cuáles son las ventajas de que encontremos una solución a este problema?» (Por ejemplo: buscar que las discusiones no continúen, incrementar la satisfacción de la relación de pareja, experimentar una forma novedosa de enfrentar ciertas situaciones, etc.)
- *Desmenuzar el problema.* Este es el momento de analizar el problema, descomponiéndolo en *causas, comportamientos* y *efectos.* ¿En qué situaciones se da el conflicto? ¿Qué lo desencadena? ¿Cómo acostumbran reaccionar? ¿Cuáles han sido los resultados, hasta ahora? Es importante tener en consideración las expectativas y las atribuciones de cada uno ante el problema, y sobre el otro, buscando

evitar sacar conclusiones apresuradas sobre lo que la otra persona está pensando.

- *La lluvia de ideas.* Generar alternativas de solución y elaborar una lista con todas las que se les ocurran. Habrá un momento para seleccionar una pero, por lo pronto, toda idea novedosa es bienvenida.
- *Seleccionar una solución.* Revisando la lista de posibles soluciones, se somete cada alternativa a evaluación, considerando los «costos» y los «beneficios» para cada uno de los cónyuges. Posteriormente, se selecciona una alternativa y se establece un compromiso para llevarla a la práctica.
- *Criterios de éxito.* Al final de la negociación, es importante especificar cuáles son los pasos concretos a seguir para ponerla en práctica. También es necesario especificar criterios de éxito, un ejemplo de lo cual sería definir en qué manera, como pareja, van a evaluar que los acuerdos a los que lleguen se van a cumplir. Es de utilidad marcar una fecha y un momento para evaluar la implementación del acuerdo negociado.

Todas las estrategias mencionadas consisten únicamente en herramientas para contribuir al mejoramiento de la relación. El enfrentamiento de conflictos solo será una realidad satisfactoria para la pareja en la medida en la que ambos se comprometan a darse las dádivas de valor, respeto, compromiso y confianza. Partiendo de ese punto, toda estrategia será, no solo de utilidad, sino de provecho, convirtiéndose en una fascinante aventura de conocimiento mutuo y profundización del amor de pareja.

Principios básicos y consejos finales

Algunas claves a la hora de enfrentar un conflicto, las cuales pueden servir como parámetros para mejorar la búsqueda de soluciones, incluyen:

- *Ambiente de confianza y aceptación.* Para fomentar un ambiente de confianza, es necesario que cada miembro de la pareja esté dispuesto a conocer y a relacionarse con el otro. Hay una voluntad de revelarse a la otra persona y dejar que él (ella) se revele también.

- *El valor de la honestidad.* Es importante dejar de pensar que las cualidades como la «heroicidad» o la «fuerza» ante el cónyuge hacen necesario fingir sentimientos u ocultar debilidades. Si estas cualidades de fortaleza y heroísmo tienen algún sentido, es el de generar, con honestidad y realismo, la voluntad necesaria para enfrentar la verdad de los acontecimientos que, como pareja, se están viviendo.
- *Enfrentar un solo problema a la vez.* Aunque los diversos conflictos, en la historia de la pareja, necesitan una solución y un cierre, trabajar un único problema a la vez les permitirá ir encontrando soluciones más eficazmente, en lugar de distraerse y complicarse aun más, en la búsqueda por ver «quién gana».
- *Jueguen limpio.* Es importante que, como pareja, definan los límites que les permitan respetarse y valorarse mutuamente. Las manifestaciones de violencia son totalmente inadmisibles, así como ciertas referencias personales, insultos o comentarios hirientes que sean interpretadas como ofensivas o hirientes.
- *Incrementen la satisfacción de pareja.* Enfrentar las desavenencias es cansado y demanda mucha energía y esfuerzo. Esto puede hacer a la pareja olvidar aquellos aspectos positivos que disfrutan, así como las características que enamoran a cada uno. Hay que tomar tiempo para relajarse, disfrutar de estar juntos, y darse el permiso de «enamorarse de nuevo», lo cual les facilitará, en el momento apropiado, enfrentar los problemas con una mejor actitud.

Con el pasar de los años y la profundización del conocimiento mutuo, los cónyuges van superando, poco a poco, las fantasías de la «pareja perfecta». Es importante, sin embargo, recordar que, a pesar del tiempo, a veces las expectativas sobre el otro, o sobre la vida matrimonial, siguen siendo perfeccionistas e idealistas. No obstante, la pareja no puede adivinar los propios pensamientos, ni responder todo el tiempo a todas las necesidades y deseos de su esposo o esposa. Al fin y al cabo, una parte fundamental del amor es la aceptación.

Ahora bien, cuando alguna de las partes no muestra, en absoluto, voluntad para resolver el conflicto, es importante que se le brinde el espacio para que reevalúe su compromiso y sus principios. Aunque el propósito es defender el matrimonio, el compromiso es algo que deben asumir los dos. Esto puede parecer muy duro, pero una relación de pareja no puede ser llevada sobre los hombros de una única persona.

La herramienta fundamental

Antes de finalizar, es necesario hacer mención de una última herramienta; un último secreto que ayudará a la pareja controlar los conflictos, en lugar de permitir que sean estos los que los controlen a ellos. Se trata del perdón. Y es que únicamente por medio del perdón y del deseo genuino de seguir adelante, a pesar de los errores pasados, que ambos podrán, genuinamente, asumir con valentía los retos presentes y aquellos que depara el futuro.

Eso sí, perdonar no es permitir faltas a la integridad o al respeto de alguno de los dos. Tampoco es alcahuetear malos tratos o permanecer iguales después de una situación dolorosa. Perdonar quiere decir reconocer el dolor y la afrenta, más decidir no tomar venganza. Perdonar también es llevar a la práctica las decisiones que permitan a ambos madurar como seres humanos y permitir que la relación cambie, se transforme y florezca.

CAPÍTULO XIII

Cómo enseñar sexualidad en las iglesias
¿Qué opinan los jóvenes?

Una vez tuve relaciones sexuales. ¿Qué hago con mis hormonas, ya que tomé la decisión de no hacerlo más, excepto si llego a casarme?

Opinión de un experto

La gente ya no se casa a los dieciocho años, ahora se casa mucho más adulta. Todos los jóvenes viven una sexualidad, por lo tanto hay que brindarles espacios de reflexión en donde se hable francamente las razones por las que no es pertinente que tengan experiencias coitales. No es suficiente decir que es malo, que es pecado. Necesitamos grupos de apoyo que ayuden a estos jóvenes con el tratamiento de sus hormonas; es decir, de sus deseos eróticos. Que tengan espacios en los que se puedan expresar, que puedan hablar de cómo se sienten en su vivencia cotidiana, del deseo, del anhelo, de los sueños, incluso los húmedos, del sentimiento de culpa, de por qué terminan masturbándose. La necesidad de lo coital no debe apresurar al matrimonio. Pero es necesario entender que las personas solteras viven en tensión fisiológica. Necesitamos desmitificar estos temas.

Mario Machado, psicólogo y teólogo

Con frecuencia, en las congregaciones, se cree de manera errónea que no hay jóvenes teniendo relaciones sexuales, experiencias eróticas o jugueteos sexuales. Para muchos líderes, pastores, sacerdotes, consejeros o responsables espirituales, es difícil asimilar esta realidad. Los jóvenes en las iglesias tienen tanto deseo y necesidad biológica como los que no asisten a ella. La diferencia es que muchos de estos jóvenes buscan fortalecer sus valores cristianos por medio de la asistencia a grupos cristianos que, adicionalmente, les llaman a posponer las relaciones sexuales hasta el matrimonio.

La intención del estudio que originó este libro fue aproximarse a las necesidades de los jóvenes solteros, que a pesar de contar con todas las posibilidades físicas, económicas y de autonomía social, han decidido postergar las relaciones sexuales para el matrimonio.

Es necesario dejar en claro que la sexualidad es parte integral de la vida humana: Dios la creó como parte de las cualidades inherentes del ser humano. Vivir una vida íntegra, a la luz de la perspectiva bíblica, es crecer en desarrollo personal y de manera

> *Los jóvenes en las iglesias tienen tanto deseo y necesidad biológica como los que no asisten a ella*

integral. Esto incluye crecimiento y maduración en la búsqueda de Dios y en el desarrollo de la propia sexualidad.

Las vivencias de los jóvenes

En la investigación que inspiró este libro, los jóvenes que asisten a agrupaciones cristianas hicieron manifiesto su interés de mantener sus vidas en una cercanía con Dios. La mayoría de ellos sostiene el interés con respecto a

> *Vivir una vida íntegra, a la luz de la perspectiva bíblica, es crecer en desarrollo personal y de manera integral*

temas sobre espiritualidad y fe. También se pudo observar el interés de mantener sus vidas bajo los preceptos cristianos, y su lucha diaria por no ceder a la presión de otras influencias, o a viejas costumbres sexuales previas a la conversión espiritual. Esto con el fin de mantener su vida de acuerdo a los preceptos de Dios y a la cercanía con Él. Todas estas personas jóvenes creen, de manera firme, que se puede tener una vida diferente a lo establecido por «la mayoría». Su fe es de gran importancia, y es la clave —según expresaron—, para mantener una elección vital desafiante.

Sin embargo, a pesar de ese deseo profundo de vivir de acuerdo a los preceptos de la fe, también manifiestan vivir momentos en los que su convicción flaquea, o circunstancias en las que se sienten en ocasiones embargados por sentimientos de soledad, como expresa una de las entrevistadas:

Antes lloraba porque estaba sola. Ya no. Ahora digo: Señor, no es el momento. Tú lo tienes ahí, yo estoy aquí, me estás formando. Yo creo que a medida que se madura se logra una mayor compenetración de la fe y las situaciones que se enfrentan.

Asimismo, se puede pasar por momentos de depresión:

Muchas veces abro mis ojos y no me quiero levantar, y no quiero ni pensar y no quiero ni ver a nadie, pero algo me dice: Tienes que pensar, tienes que ver, tienes que salir.

En esos momentos, la entrevistada expresa que es la fe en Dios la que la mantiene luchando, a pesar de que en ciertos momentos las fuerzas desmayan. Por otro lado, los participantes en las entrevistas comentaron la importancia de los espacios de interacción entre jóvenes con realidades similares. Espacios en los que puedan expresar con libertad sus temores, sus vivencias, sus cargas y sus triunfos. Esto les hace sentirse acompañados, aminorando el sentimiento de soledad y de culpabilidad. Ser conscientes de que otros hombres y mujeres pasan por esas mismas luchas, puede brindar compresión —aunque no justificación— a los altibajos de la propia humanidad. En palabras de otro entrevistado:

> *Es necesario que los jóvenes puedan expresar con libertad sus temores, sus vivencias, sus cargas y sus triunfos*

Es una lucha contra la corriente, la cual no se puede enfrentar solo. Entonces, uno necesita mucha ayuda de personas afines, para que sea más fácil vivir la sexualidad de acuerdo a la forma en la que uno se lo ha planteado.

Por todo lo anterior, se considera importante facilitar a los miembros de cada iglesia espacios que brinden estas oportunidades de convivencia social, en los que se motiven relaciones de amistad entre personas en situaciones similares, y que compartan una misma fe. Estos grupos ayudan a fortalecer las convicciones personales, pues la presión externa a la iglesia de vivir una sexualidad distinta a las convicciones cristianas, podría propiciar conflictos y conductas inapropiadas. Por lo tanto, es importante fortalecer las convicciones compartiendo con otros hombres y mujeres que viven la fe cristiana, reforzando así las propias convicciones con gente que también sostiene la convicción de la postergación sexual hasta el matrimonio.

Exponerse a ambientes peligrosos es otra de las acciones que los participantes de la investigación identificaron como capaz de afectar las decisiones personales que se han tomado. Ellos recomiendan no exponerse de forma innecesaria, para no verse tentado a realizar actividades contrarias a las convicciones cristianas. Tener precaución facilita tomar decisiones sabias. En palabras de uno de los entrevistados:

> *Tener precaución facilita tomar decisiones sabias*

El esfuerzo diario por dar testimonio de que se cree en Dios, y que al creer en Él se es una mejor persona, y que entonces uno puede ser diferente [...] Uno tiene que cuidarse mucho de esos entornos, de si usted está en un ambiente difícil con personas que no tienen valores como los suyos, o que les da lo mismo hacer «A», «B» o «C», pues al final uno termina creyéndoselo. El que se junta con lobos a aullar aprende.

Realidad del joven cristiano

A pesar de que los jóvenes participantes en la investigación perciben que no se les da un reconocimiento y trato diferenciado, congruente con la etapa que viven, cada vez son más los jóvenes en condición de soltería que se adhieren a las iglesias. Es probable que este fenómeno siga en crecimiento, ya que cada día es más común ver a jóvenes que se dedican varios años a estudiar, para después trabajar, en busca de mayor estabilidad económica. Esto hace que los proyectos matrimoniales sean relegados para años posteriores, lo que implica que deben posponer su actividad sexual algunos años más. Sin embargo, todos estos jóvenes siguen viviendo su sexualidad.

En algunas iglesias, al empezar el desarrollo de estos grupos de jóvenes, se hizo necesario validar el espacio y los recursos para ganarse el reconocimiento como grupo que precisa de un acompañamiento pastoral específico. Se evidencia que sus experiencias son distintas a las de los adolescentes, así como lo son a las de los casados, aunque tengan la misma edad. Poco a poco se ha registrado a este sector etario como un grupo que posee sus propias necesidades específicas.

> *La masturbación es un tema hecho invisible en las iglesias*

Los jóvenes independientes manejan gran cantidad de información, y muchos de ellos pueden tener actividad sexual. Esto les hace más complejo detener las conductas sexuales y optar de nuevo por posponer lo coital hasta el matrimonio. Esta es una situación que puede hacer más compleja la espera. Hay una importante falta de diálogo franco en lo que se refiere a temas de lo genital, así como a otras expresiones de actividad sexual y sobre la sexualidad en general.

Una de las entrevistadas mencionó el tema de la masturbación como un tabú. Los especialistas consultados confirman que la masturbación es un tema hecho invisible en las iglesias. La forma como se aborda posee connotaciones negativas y ofensivas.

Mencionar la palabra masturbación es escandaloso, y más aun lo es referirse al tema de forma franca o discutir cuáles pueden ser sus detonantes y consecuencias. Se hace imperativo investigar y abordar el tema de la masturbación de una forma adecuada, y que dé respuesta directa y clara a las inquietudes de los jóvenes.

Otro asunto tabú, que podría ser constructivo conversar, es el tratamiento del deseo. En las iglesias se omite hablar sobre la experiencia cotidiana del deseo, y en ocasiones se le dan connotaciones negativas. Lo cierto es que, para los jóvenes, la soltería es por sí misma todo un desafío, ya que implica administrar no solo el celibato, sino además el deseo, como bien lo apunta Alexander Grant, pastor de jóvenes adultos y consejero familiar:

Los jóvenes tenemos el desafío no solo de administrar el deseo, sino también el celibato. Es decir, la forma cómo yo vivo mi celibato por convicción, aunque otros lo vean como risible, aunque lo vean como ilógico, aunque lo vean como dañino, como que te estás lacerando al decir que no.

Administrar estas dos áreas de la vida, el deseo y la abstinencia, es complejo. Esto puede tornarse aun más intenso cuando no se cuenta con líderes pastorales, amigos o alguna persona que relate su propia experiencia de cómo trata su vida de acuerdo a los principios cristianos en lo concerniente a su sexualidad.

Para tocar estos temas es importante valorar que el deseo sexual ha sido creado y otorgado por el mismo Dios, y que forma parte del diseño humano. El deseo sexual no fue puesto por Dios para que cada persona lo canalice antojadizamente hacia todas las mujeres o hacia todos los hombres, sino para que se constituya en un vínculo que se desarrolle exclusivamente con aquella persona con la que se va a compartir

> *Administrar el deseo y la abstinencia es complejo*

una alianza matrimonial. El deseo es un elemento importante del matrimonio. El deseo es un don de Dios, según comenta Alexander Grant, líder de jóvenes:

Es parte de nuestro diseño original tener el deseo sexual. No es un pecado. Lo relevante es cómo administro yo ese deseo, y si dejo que sea lo que decida por mí.

Por lo tanto, al igual que otras áreas de la vida, el deseo debe ser educado. El no lidiar de manera adecuada con estos temas ha causado que muchas personas sientan gran cantidad de emociones encontradas y de conflictos morales. Por un lado, de forma natural, se experimenta el deseo sexual. Sin embargo, un mal enfoque de este punto puede provocar en la persona un gran sentimiento de culpa y confusión. En general, como lo es a lo largo de toda la vida, los jóvenes no solo poseen estas inquietudes, sino que también necesitan orientación en temas como el tratamiento de las tentaciones, el deseo, las emociones, y las necesidades afectivas y sexuales.

> *El deseo debe ser educado*

Matrimonio y soltería

Dios es el creador de las relaciones sexuales. Él las colocó como parte del diseño humano. Por lo tanto, son una facultad biológica natural. Comentaba Mario Machado, sicólogo especialista en temas de sexualidad, que el sentimiento de necesidad hacia las relaciones coitales son naturales al cuerpo humano y a su psiquis. Por lo tanto, se podría decir que las personas solteras viven en tensión sexual. Sin embargo, el sentimiento de necesidad hacia las relaciones coitales no debe ser una razón central para apresurar un matrimonio.

> *El sentimiento de necesidad hacia las relaciones coitales no debe ser una razón central para apresurar un matrimonio*

La necesidad sexual se expresa de muchas maneras. En el caso de los hombres, se dan los sueños eróticos o «sueños húmedos». Muchos tienen este tipo de experiencia, y al despertar, sienten culpa por aquello que soñaron. Sin embargo, los sueños no se pueden controlar de manera premeditada. Lo que más podría hacerse al respecto es no exponerse a material estimulante, mucho menos si es pornográfico. Machado dice al respecto:

> *El sueño erótico, ¿es impuro, sucio y malo? ¿O es lógico y natural que todo ser humano lo experimente?*

Se hace necesario, entonces, hablar de estas experiencias para entenderlas mejor, y vivir el proceso de educar el área sexual en la vida personal. Una forma de aliviar esta tensión sexual en los solteros es consolidar un proyecto de vida que no gire de forma exclusiva alrededor de la búsqueda del matrimonio. Ser esposo o esposa, padre o madre, es un rol que muchas personas

> *El proyecto de vida individual no debe girar solo en torno a la vida de pareja o de progenitor*

desean realizar en sus vidas. Y es uno muy importante, puesto que forma parte de lo integral del ser humano. No obstante, el proyecto de vida individual no debe girar solo en torno a la vida de pareja o de progenitor.

Para los jóvenes, puede ser contraproducente circunscribir su identidad, sueños y metas personales a la posibilidad de un matrimonio. Como se comentó, el ser humano es integral, y debe cuidar su proyecto de vida, tanto individual como familiar. Dios dio a cada hombre y a cada mujer habilidades distintas. Hizo al ser humano capaz de llevar a cabo varios roles, los cuales se integran para formar las características particulares que le brindan individualidad. El matrimonio es un área para la que se debe planear y trabajar con anticipación, pero no es recomendable que la totalidad del proyecto de vida se centre en el proyecto matrimonial.

Se debería tener mayor conciencia dentro de las iglesias de que, tanto el matrimonio como la soltería, son dones de Dios. Así como Dios da a ciertas personas el deseo de vivir en matrimonio, a otras personas les da el deseo de extender la familia con hijos, y aun a otras les da el don de vivir sin pareja. Tanto lo uno como lo otro son dones de Dios que deben administrarse con responsabilidad y sabiduría. Para cada joven, lo importante debe ser disfrutar cada proceso y cada momento con integridad.

> *Tanto el matrimonio como la soltería son dones de Dios*

Recomendaciones para las congregaciones

Los especialistas consultados, al igual que los entrevistados, opinaron que es relevante brindar a los jóvenes espacios grupales de reflexión en los que se suministre información y explicaciones variadas sobre el por qué es recomendable postergar las experiencias coitales hasta el matrimonio, en lugar de decir de forma categórica que «es malo y es pecado». Es sano, también, que en estos espacios se puedan exteriorizar las vicisitudes que se experimentan en lo personal, que puedan hablar sobre lo que sienten en su vivencia diaria y lo que perciben al enfrentar en el cotidiano vivir el deseo sexual, los anhelos y los sueños de convivencia en pareja, y que puedan expresar lo que experimentan al tener sentimientos de culpa y los motivos de la masturbación.

Compartir estas experiencias contribuye a mejorar la percepción y conocimiento de la sexualidad que esgrimen los jóvenes cristianos. Los especialistas consideran que la problemática de los jóvenes en las iglesias es similar a la de los que se desenvuelven fuera de los ámbitos cristianos. Por esta razón, las iglesias deben establecer pastorales que de forma clara brinden información sobre sexualidad.

En relación a las luchas que experimentan los jóvenes que tienen una relación estable y de compromiso, es frecuente que se discuta si una pareja que ha pasado varios años de noviazgo, y planea casarse en el futuro, podría tener relaciones sexuales. En este punto es de gran importancia contar con el apoyo de una buena pastoral, de acompañamiento genuino, con líderes que escuchen y no den juicios severos y prematuros, sino por el contrario, que suministren una guía clara. Líderes que señalen, en forma realista y según los principios cristianos, las recomendaciones espirituales, morales y cotidianas del caso.

Uno de los puntos importantes que se perciben al conversar con los jóvenes es la necesidad de que haya líderes que se abstengan de juzgar. Antes bien, los líderes deben escuchar de forma atenta. Esto facilita una relación de pastoreo espiritual que guíe a las personas jóvenes con firmeza amorosa a través de estas dificultades. Es trascendental que los líderes, antes de asumir el liderazgo, sean preparados por sus iglesias para que puedan guiar a diferentes personas a comprender las situaciones más allá de lo que es el juego de roles sociales. Todo ser humano es muy complejo, y las dimensiones de su ser son inseparables. Por lo tanto, solo su área sexual no dice lo que una persona es en su totalidad. La sexualidad existe dentro de aquello que constituye a la persona como tal. La sexualidad es solo uno de los elementos que la integra.

> *Los líderes deben abstenerse de juzgar. Antes bien, deben escuchar de forma atenta.*

Con respecto al tema del sexo y la sexualidad, es evidente que muchos cristianos piensan que el sexo es sucio y pecaminoso, como algunos (especialmente mujeres) pueden haber manifestado con la siguiente frase: «Es la cruz del matrimonio». El trato restringido del tema se puede observar en actitudes como: no tratarlo de manera franca y sincera, temor a preguntar o a escuchar este tipo de preguntas, carecer de la confianza para hablar dentro de la iglesia sobre las dudas, confusiones, acciones y pruebas, por temor a ser juzgados, y en algunos casos extremos, ser expulsados de sus congregaciones.

Alex Grant, el líder de jóvenes que hemos citado anteriormente, al comentar sobre la forma en que se evita conversar sobre lo sexual, señala que:

> *Es casi como invitar a la gente a vivir en una especie de esquizofrenia comunitaria, aceptada, compartida, pero silenciosa. Todos participamos de esto pero que nadie lo mencione. Es como el elefante en la habitación. Es evidente que está, pero todos evitan reconocer que está ahí.*

Ante esta situación, decía Grant, los integrantes de la iglesia cristiana deberían ser «contracultura», es decir, agentes de cambio y de toma de conciencia. Sin embargo, las oportunidades para hablar de sexo en las iglesias son esporádicas, o en algunas ocasiones, aunque se toca el asunto, se hace de forma superficial y general más que como fuente de apoyo a personas que ya están atravesando situaciones en las que han incurrido en conductas sexuales.

Por lo tanto, el espacio que se brinde para tocar estos temas debería ser periódico, y actualizarse de forma permanente, procurando conversar con intencionalidad sobre sexo, de manera organizada y puntual.

Consideramos que un método para brindar estos espacios podría consistir en hacer grupos de una pequeña cantidad de personas, que se mantengan a lo largo del tiempo, para aumentar los niveles de confianza. Así, los jóvenes que se acercan, podrían sentir menos temor a exteriorizar sus pensamientos. Con el tiempo, y por el trato constante, es esperable que se formen lazos que

> *Se debe conversar con intencionalidad sobre sexo, de manera organizada y puntual*

puedan brindar una seguridad que les permita exponer situaciones personales y recibir consejo. Y no solo sobre temas de sexualidad, sino de todo lo que les sucede en los diferentes ámbitos de la vida. Esto fomenta el diálogo, y una vivencia comunitaria más humana dentro de las iglesias.

Es bueno tener presente que, aun con esfuerzo y trabajo cauteloso, las conductas tardan tiempo en desaparecer. Sin embargo, como en otros aspectos de la vida, aquí también podemos ver la acción sobrenatural del Espíritu Santo como ayudador y consolador nuestro. Sobre este aspecto, a partir de su experiencia, Alex Grant comenta que, al trabajar respaldando o apoyando a jóvenes, es posible ver la mano de Dios en los creyentes, pero que a la vez debemos ser realistas y pacientes:

> *Las conductas tardan tiempo en desaparecer*

> *Casi todo proceso de desaprender conductas es proporcional al tiempo del aprendizaje, y es ahí donde Dios, con Su poder sobrenatural, apresura los alcances de ese proceso y va acortando los tiempos. Pero es iluso creer que se dará de la noche a la mañana.*

Así las cosas, no es un cambio radical, exponencial e inmediato el que se podría obtener en los jóvenes. Este es un trabajo que requiere paciencia, y para el cual se debe considerar que no en todas las ocasiones va a dar el fruto que se espera.

Recomendaciones para las iglesias

Además de exponer las distintas problemáticas que, en cuanto a su sexualidad, enfrentan los jóvenes que han decidido vivir una vida acorde con las Escrituras, consideramos pertinente dar algunas recomendaciones que podrían ser útiles a quienes trabajan con este tipo de población.

Una de las recomendaciones es reforzar, tanto en el liderazgo como en el cuerpo de creyentes, el papel de la iglesia como propiciadora de procesos de restauración, partiendo de que toda persona enfrenta áreas de pecado día a día, y que ningún pecado es menos grave que otro. La estigmatización de los pecados sexuales o de las conductas asociadas con adicciones a sustancias, pueden generar rechazo y discriminación. El egoísmo, la mentira, el fraude y el odio también son pecados que esclavizan.

A partir de las conversaciones con los jóvenes y los expertos, así como de mi propia experiencia, se podría decir que es conveniente que las iglesias fomenten la capacitación y la reflexión, sobre todo, en su propio liderazgo.

Todo pastor, sacerdote, consejero o líder, debe estar continuamente orientándose para poder, a su vez, apoyar a otras personas. Aunque no todo líder cristiano necesita tener un título académico en ciencias sociales, sí es necesario que reciba formación básica sobre la realidad social en la que se desenvuelve, así como en las formas

> *La estigmatización de los pecados sexuales, o de las conductas asociadas con adicciones a sustancias, pueden generar rechazo y discriminación*

saludables de enfrentar, a nivel humano, los conflictos personales y familiares.

En el caso de los consejeros y confidentes de jóvenes, al atender situaciones en las que las personas ya han incurrido en conductas sexuales inapropiadas, se hace necesario recordar que el proceso de restauración es el mismo para todos los pecados. El que en este caso en particular el pecado sea de tipo sexual, no debe sobredimensionar las acciones que se tomen para manejar la situación. Sobre todo, una circunstancia de esta índole no puede ser justificación para «escindir» o «expulsar» a una persona de la iglesia. Por el contrario, conseguir que las personas verbalicen sus dificultades en esta área, es un logro importante que permitirá profundizar en la experiencia concreta de ellas, y en las razones por las que es importante vivir la sexualidad con coherencia a las enseñanzas del evangelio.

Más allá de expresar, categóricamente, que la acción fue «mala», el hablar con franqueza sobre la actividad es una excelente antesala para, sin justificar la conducta, hacer preguntas

> *Se debe hablar con franqueza sobre la sexualidad*

como: «¿Qué es lo que realmente estás buscando satisfacer?», «¿Por qué crees que se deben tener relaciones sexuales para ser feliz?» En la labor pastoral, poder vincularse con las personas a este nivel corresponde, en muchas ocasiones, con lo que buscan al involucrarse en grupos cristianos.

CAPÍTULO XIV

Aprendamos de la experiencia: Historias reales

D urante mis años de consejero he recopilado las cartas que me escriben los y las jóvenes buscando orientación. Considero que algunas de ellas, conjuntamente con mis respuestas, podrán serles de utilidad a quienes leen estas páginas.

Libre de temores

Me di cuenta que debía terminar con la relación después de un año de ser su novia; sin embargo, movida por el instinto de cuidado hacia el otro, cuando corté con dicha relación, cometí un error muy grande. En ese entonces esta persona tenía muchas carencias emocionales, producto de un pasado y niñez complicados. Además, yo me sentía muy culpable al no poder corresponder a sus sentimientos, al menos de la manera en que él deseaba. Así, por compasión hacia él, caí en una relación totalmente insana, y a pesar de haber terminado con él, durante dos años permití que me usara como su paño de lágrimas y su fuente de fortaleza. Mi deseo era verlo libre de sus depresiones y gozar de una vida plena en Dios, no obstante, surgió una relación de codependencia que dañó mi salud emocional.

En fin, esta experiencia me dejó muy llena de temores e inseguridades. Mi corazón ha estado cerrado a la posibilidad de una nueva relación por los últimos cuatro años. He estado de manera egoísta muy cómoda con mi soltería por temor a ser lastimada. Mi lema por los últimos cuatro años ha sido: «Prefiero estar sola que mal acompañada». Sin embargo, este lema nació de un corazón lleno de temor, egoísmo y orgullo. Jamás me imaginé que el temor fuera como un cáncer, que cuando se apodera de ti, te llena de orgullo, te vueles egoísta y todo tu ser se contamina.

A pesar de lo anterior, Dios ha estado haciendo un trabajo excepcional en mi vida sentimental, por lo que nunca he manejado un concepto erróneo del sexo opuesto. He escuchado a muchas personas decir que los hombres no sirven para nada, o que todas las mujeres están locas. Sin embargo, mis padres me han dado tan buen ejemplo en su vida matrimonial, que nunca me he dirigido con amargura hacia mis hermanos varones.

Hoy entiendo claramente que Dios me creó para tener una relación significativa de pareja. Quiero casarme, y quiero darme la libertad de amar y ser amada. Yo no nací para tener cualquier relación. Cuando me case, mi esposo y yo vamos a disfrutar de una relación de pareja significativa.

❧

La carta que transcribo a continuación representa las vivencias de muchas otras mujeres que cargan con el peso de sentirse solas.

Quiero tener un compañero

He logrado muchas cosas; sin embargo, todavía no tengo a alguien como compañero, esposo o amigo. Ya perdí la cuenta de los años y las veces que le he pedido a Dios que traiga a esa persona a mi vida. No obstante, cuando uno ve que pasan los días, meses y años y nada, la espera se hace muy frustrante y bastante triste. Llega entonces el momento en que uno se cuestiona por qué muchas mujeres sí tienen la suerte de conocer a alguien, y me pregunto: ¿En qué fallé? ¿Por qué yo no?

Me siento orgullosa de ser la persona que a esta edad soy. A pesar de mis defectos, pienso que tengo bastantes cualidades; soy un excelente ser humano. Entonces, ¿qué pasa? ¿Por qué habremos tantas mujeres solas? Algunos dirán que se debe de tratar de llenar esos espacios con otras cosas; pero justamente es lo que uno hace, llenar espacios y luego vuelve la soledad.

Soy optimista y trato de decirme: ¡Este día será como yo quiera! Pero muy dentro de mí sé que es un juego para sobrevivir al mismo. Me han dicho también que Dios llena esos espacios, pero definitivamente no quiero terminar sola. Sé que he abierto mi corazón, y se lo he abierto a Dios, Él lo sabe, Él me conoce.

Las personas cercanas le dicen a uno: «En algún momento llegará la persona», pero creo que es un engaño porque somos miles las mujeres solas en el mundo. Y si esto es lo que Dios quiere para mí, ¿a dónde queda lo que yo quiero y lo que necesito?

Estoy triste, pero eso es lo duro: que he aprendido a que en la vida hay que levantarse siempre, no importa lo cansado que esto sea...

❧

Es curioso que esta persona al escribirme tenía una respuesta para casi todas y cada una de sus preguntas. Sin embargo, continuaba necesitando palabras de comprensión y apoyo. A continuación, pues, algunas de las reflexiones que le expresé a fin de enriquecer su criterio:

En primer lugar, pido a Dios que le permita encontrar el camino que busca y la realización que desea. Le felicito por ser una mujer que se ha levantado en medio de la adversidad y por consolidar una empresa que le permite tener un sustento digno para su familia. Es estimulante encontrar una persona que sabe que ha logrado muchas cosas en la vida, y que se siente realizada producto de su carácter y perseverancia.

Aclaro algunos conceptos. Una mujer que se ha casado, no necesariamente es lo que usted denomina «una mujer con suerte». Más del 40% de las mujeres que se casan terminan divorciadas, y del 40% de las casadas el 30% desean estar separadas o divorciadas por diversas razones. Del 10% que nos queda solo 5% dicen estar plenamente realizadas. Esto pone en contexto que la «suerte», sinónimo de realización o felicidad, es una idealización que nosotros mismos hemos hecho del matrimonio. La felicidad no está en el estado civil, la felicidad es una conquista interna.

Yo amo a Helen, mi esposa, pero no puedo hacerla feliz porque la felicidad es una conquista personal, una elección que no depende de las circunstancias ni de las personas a mi alrededor. Es gratitud por lo que soy y lo que tengo; es valorar el privilegio de ver, escuchar, amar, sonreír, apreciar lo pequeño y lo grande. Encontrar motivo para vivir, amar y dejarse amar por quienes nos rodean, es elegir brillar siendo la persona que soy, es tener sueños y deseos de superación, pero estos sueños no me roban el privilegio de vivir con intensidad el presente.

Me emociona escucharle decir que es un excelente ser humano, y lo celebro con usted, porque ya tiene lo esencial, «saberse un excelente ser humano», una magnífica persona, una luchadora, una que conquista. Sin embargo, considero que tiene una percepción errónea en la conclusión de que, «una se ve y dice: ¿En qué fallé?» Una persona que no se ha casado no necesariamente ha fallado en algo. Usted no ha fallado en nada, usted es una persona completa, plena, lo tiene todo, no le falta nada, usted es una ganadora porque ha luchado. El punto es que erró al fijar la meta. La meta de una persona no es casarse, es realizarse, es ser una persona plena, como lo es usted. Si alguien la aprecia, la valora y quisiera compartir su vida con usted, feliz él, pero usted ya es una persona realizada y plena. Por favor, no se vea como alguien mutilada, usted es una persona completa y esto es de celebrar.

Tiene razón, yo amo a Helen y también soy feliz, pero no soy feliz porque amo a Helen, soy feliz porque elegí amar. Conozco cientos de personas que están casados y no son felices, no son plenos, quisieran no estar casados. Conozco a otros que están casados y andan buscando cómo traicionar. Esto no es parte de una buena ecuación. La felicidad es una elección, es un camino, y en este camino se llora y se ríe, nos deprimimos y nos levantamos, decidimos amar lo que Dios nos ha dado para amar, y no dejamos que nada ni nadie nos robe el privilegio de vivir con intensidad el honor que tenemos. La felicidad es camino, es elección.

Usted tiene razón, no merece ir por la vida como esas mujeres solas, amargadas. Usted merece brillar, siendo la persona que es, amando a quienes tiene a su lado. Usted tiene el derecho de disfrutar al máximo los honores que Dios le ha dado y el fruto de su trabajo. Elija amar y decida dejarse amar por quienes quieren amarle. Brille, y elija vivir para Dios con plenitud, porque la plenitud de una persona es Dios. La vida está en sus manos, decida.

Es interesante que a partir de este correo, muchas otras mujeres, con realidades semejantes, me hayan escrito. De los correos que he recibido en este sentido, me llamó la atención lo que una joven escribió: «Estoy de acuerdo con usted, pero ¿qué hago con la soledad?» Esta es una de esas preguntas que mueven el corazón, porque este sentimiento lastima profundamente.

La soledad es un sentimiento que nos puede llevar a la depresión y a experimentar una autolástima profunda. Por eso, si usted se siente de esta manera, le animo a que no se deje vencer por ese sentimiento desgarrador. No deje que la soledad le robe sus sueños, le impida disfrutar el amor y la cercanía de quienes sí la aman y están próximos a usted. No deje que la soledad le robe la ilusión por vivir y disfrutar cada instante que tiene. Levántese y déjese amar por quienes desean amarle. Brille como nunca antes, teniendo un corazón agradecido.

Disfrute la sonrisa de un niño y el abrazo de buenos amigos, y decida acompañar a otros. Pero no deje que la soledad le robe la alegría de vivir.

La soledad no acompaña únicamente a los solteros, también acompaña de los casados, a los de familia pequeña y a los de familia grande. La soledad no la quita la presencia de alguien especial, como si esa presencia fuera un acto de magia. La soledad es un sentimiento que todos debemos vencer, sacudiendo el polvo de la imaginación, levantando las alas con esfuerzo, y decidiendo caminar aunque otros elijan claudicar. Lo cierto es que en el fondo nunca estamos solos. Siempre hay a nuestro lado alguien a quien amar, a quien hacer sonreír y con quien soñar. Esta vivencia hermosa del amor la hemos disminuido porque creemos que solo la experimentamos en las relaciones románticas. Nada más lejos de la verdad. La soledad se mitiga al decidir entregarnos por completo a una causa, a un pueblo, a un sobrino, a un hermano y, por qué no, a un buen amigo.

Me siento culpable

A los dieciséis años conocí y recibí a Cristo en mi corazón. Siempre procuré ser prudente y dar buen testimonio. A los veinte conocí a un joven; luego empezamos un noviazgo. Solíamos asistir a una iglesia en donde él conoció de Dios. Uno de mis sueños era casarme, pero para él estaban primero otras cosas. Por tal motivo, después de cinco años, decidimos terminar con la relación. Ahora tengo muchas preguntas y he llegado al punto de enfermarme. En realidad yo no quiero llorar ni sufrir por lo mismo. Desearía refugiarme mucho más en Dios, y conocer un buen muchacho que ame y desee servirle al Señor, pero no he podido darle la oportunidad a otra persona. Él fue mi primer novio, mi amigo, confidente y compañero; pasamos muchas cosas lindas.

En cuanto a la sexualidad, traté de mantener mis límites, y a pesar de que pasamos momentos difíciles, no tuvimos relaciones sexuales sino hasta el último año de noviazgo. No pasaba muchas veces, ¡pero pasaba! Y es algo que me da rabia conmigo misma y con él, porque me decía que eso nos iba a unir más. Yo, a pesar de saber que eso no ocurriría, corrí el riesgo y acepté. Ahora me siento burlada y estoy consciente de que me lo busqué.

En momentos de tristeza, lo que más lloro es esa culpabilidad y el haberme olvidado de un pacto de pureza sexual que hice algunos años atrás. Ahora me siento muy sola, y a pesar de mi edad, en ocasiones me siento como una niña. Siento

que yo lo quise a él, pero él a mí no. Quiero salir de esto, quiero que Dios se goce y
se deleite en mí ¡como su hija!, a pesar de todos mis defectos y fallos.

∽

Algunos de los consejos que le di a esta joven de veinticinco años fueron:

- No se culpe más; busque el perdón de Dios, el cual ya se lo ha dado
  desde que estuvo por usted en la cruz. ¡Recíbalo! El perdón viene por
  el arrepentimiento, y porque hemos decidido cambiar de actitud.
  Dios quiere devolverle su pureza y restaurar su corazón. Él quiere
  quitar su culpa y tirarla al fondo del mar, y nunca más acordarse de
  ella. Solo de esta forma podemos ser verdaderamente libres.
- Es imposible sacar de su mente a esta persona porque usted está
  convencida de que le ama. Por lo tanto, lo que puede hacer cuando le
  venga su imagen a la mente es bendecirle en lugar de atormentarse
  recordando todo lo bueno que pasaron juntos, y el dolor de haber
  visto frustrados sus sueños. Bendígale en el nombre del Señor
  Jesucristo. Ore por él y déjelo ir. Esto es más saludable que
  simplemente pensar y sentir. Si usted lo hace, un día el dolor se
  transformará en un recuerdo que ya no duele, en una lección
  aprendida. Persevere en este ejercicio espiritual. Traiga su lucha al
  terreno de lo espiritual y sáquelo del terreno de las emociones.
- Levante su mirada, mantenga intacto su sueño de realización
  personal, deje que la dignidad de Dios le colme de bendiciones, y sea
  libre nuevamente. Libre para volar, soñar, reír y amar.
- La lucha que enfrenta es la batalla por la vida y la felicidad, y el dolor
  es parte de la vida y de la conquista de la felicidad. Es felicidad en
  medio de las circunstancias, en medio del llanto, en medio del dolor,
  en el transcurso del camino. Simplemente camine firmemente en
  Dios; aunque no sienta, camine; aunque no vea, perdone; aunque no
  lo entienda, decida ser feliz.
- Aunque le parezca extraño, disfrute el dolor del amor. Es el dolor
  más bello que existe. Para disfrutarlo, no lo niegue, llévelo cautivo
  a Dios. Dígale cuánto ama a ese joven, y clame para que lo arranque

de su corazón. Y siempre termine alabando a Dios, exaltando Su nombre, y refugiándose en Él. Entregue su dolor al Señor Jesucristo, y el tiempo será testigo de que refugiarse en Dios tiene su recompensa. Entonces levantará alas como las águilas y el cansancio se habrá ido.

Terminé esta carta felicitando a esta valiente joven por decidir ser una discípula de Jesús. Solo los valientes se detienen para solicitar consejo, recibir el perdón de Dios, levantarse de nuevo, retomar el camino de la perseverancia, y conquistar la libertad.

Perdoné y sigo adelante

Cuando era niña fui abusada por mi padre. La verdad es que no sé cuándo empezó eso, pero sé cuándo terminó. En ese entonces, al contárselo a mi madre, ella no me creyó, ni lo ha hecho hasta ahora. Es interesante notar que esto no dejó ningún resentimiento hacia ninguno de los dos. Es raro, pero recuerdo que con mi padre siempre fui muy amorosa; en todo momento traté de ayudarlo en lo que estuviera a mi alcance. Con mi mamá siempre fui muy obediente. En fin, a pesar de los abusos, recuerdo que fui una niña colaboradora y trataba de ayudar a los demás en lo que pudiera.

Mantengo una relación amorosa con mi primo. Me he llegado a dar cuenta de que el amor que siento por él nunca lo había sentido por ningún hombre. Soy feliz con él y hasta tenemos el anhelo de poder tener hijos, de manera que hemos estado consultando con doctores acerca del riesgo existente. El problema es que cuando les di la noticia de nuestra relación a mis padres, ellos lo tomaron muy mal, al punto de decirme que, o lo dejaba, o tenía que irme de la casa.

Soy realista, y sé que esto no es algo fácil de asimilar, pero si yo supiera que me voy a ir al infierno por ello, le aseguro que no lo estuviera haciendo. He consultado con sacerdotes sobre mi caso, y me han dicho que el amor es lo que prevalece. Por lo tanto, luego de poner las cosas en una balanza, tomé la decisión de irme a vivir con él en unión libre, y a pesar de que me siento feliz, lo que agobia mi alma es saber que mi madre y mi padre me desconocen.

Responder a esta carta fue en especial un reto. A continuación, algunas de mis apreciaciones en cuanto a la situación de esta persona:

Cuando uno crece, debe comprender que debe tomar la decisión de construir su proyecto de vida. En la mayoría de los casos los padres lo comprenden, pero en otros no. Usualmente, cuando los padres no están de acuerdo es porque, desde su perspectiva, pueden ver cosas que los miembros de la pareja no son capaces de discernir. Por lo tanto, es importante mantener un corazón receptivo para escuchar su consejo y ponerlo en balanza. Pero al fin y al cabo es la construcción de nuestro proyecto de vida lo importante.

Si pudiese compartir con sus padres les diría que el amor hacia un hijo o hija es incondicional, en las buenas y en las malas, esté o no de acuerdo, ahora y siempre. El amor no se condiciona, aun cuando sintamos que los que amamos se han equivocado.

La felicito por la madurez con la que ha tomado el abuso de su padre. Es sorprendente cómo ha lidiado con eso, y doy gracias a Dios porque, aunque lo recuerda, no veo secuelas que le sigan lastimando. Pero de todas formas, siga en el proceso del perdón, el cual es una decisión sostenida en el tiempo, que produce nuevos sentimientos hacia la persona que nos lastimó. Es una decisión que nos produce libertad y una conciencia tranquila. Con respeto, le recomiendo que no lo esté trayendo a la memoria; simplemente fueron aguas que pasaron y que Dios ha dejado sin efecto en el corazón. Si aún la herida duele, le recomendaría que procure asesoría profesional.

En cuanto a la situación de unión libre con su primo, definitivamente ustedes se aman y deben hacer que este amor crezca. Para lograrlo les animo a que formalicen la unión como un matrimonio. Esto les permitirá forjar una relación más sólida y estable. Sigan aprendiendo acerca de cómo se instituye un matrimonio y una familia. Van bien, adelante.

Cuando se casen, escríbales usted una carta a sus padres contándoles lo feliz que es, y dándoles gracias por el amor que le han expresado. Esto les bendecirá, y abrirá la puerta para el diálogo, si ellos quisieran.

Les felicito por estar asesorándose en cuanto a la decisión de tener hijos biológicos. Esta actitud es responsable y determinante para la generación que se levantará a partir de ustedes. No es un tema que se debe tomar a la ligera, porque están marcando la vida de las personas que más amarán en el futuro.

Amo a mi hijo y aún sigo enamorada de su padre

Tengo veintidós años, no estoy casada y soy madre de un hermoso bebé de tres meses. En mi familia somos cristianos; sin embargo, tuve una relación de noviazgo con el papá de mi hijo durante cuatro años y quedé embarazada. En dicha relación, no nos dedicamos a desarrollar una amistad profunda, sino que pasamos directamente al noviazgo, sin contar siquiera con la autorización de mis padres. Tuvimos un noviazgo difícil, discutíamos bastante, y a pesar de que asistíamos a la iglesia, considero que él no lo hacía por convicción, sino solo por acompañarme. A pesar de todo, fue mi primer amor, mi primer novio, mi primer todo.

En nuestro noviazgo a escondidas, porque siempre me escapaba de la universidad para irme con él, le descubrí varios engaños e infidelidades. Realmente lo perdoné muchas veces. Siempre le daba oportunidades... tal es así que, justamente en una de las reconciliaciones, luego de que me había mentido y estuvo con otra mujer, quedé embarazada.

Me da pena decir que era cristiana, porque sé que hice mal. Nunca fui un buen testimonio para él, ni me comporté como cristiana en ese sentido. Crecí en la iglesia y trabajo hasta hoy en ella. Pero ese mundo «maravilloso» en el que yo vivía se derrumbó, no porque rechacé a mi hijo, sino porque sabía de la manera en que reaccionaría mi entonces novio cuando se lo contara. Se enojó mucho, decía que no era el mejor momento de nuestras vidas, que no podíamos tener un hijo porque no nos entendíamos. Además, que tampoco teníamos dinero para mantenerle, y que ni siquiera habíamos terminado los estudios. Según él, para ser padres no teníamos edad ni madurez. Ahora estaba en juego mi trabajo, enfrentar a mis padres tan correctos y ejemplares, a mis pastores, a la iglesia y a la gente que conoce a mi familia. Fue muy duro y difícil.

A pesar de la situación, decidí tener al bebé, y como el papá del niño no estaba de acuerdo en casarse, también decidí terminar con él. Desde el cuarto mes de embarazo hasta el séptimo, estuve sola, un día triste, otro día feliz. A pesar de la dificultad, mis padres, después de Dios, fueron mi apoyo incondicional.

Enfrenté todo sola, el trabajo, la iglesia, la gente, conocidos, amigos y pastores. Además, en la iglesia donde trabajaba me pidieron que saliera y me quedara en la casa por guardar el testimonio de la institución. Mis hermanos me rechazaron. Me sentía sola y herida.

Luego de tener al bebé, volví a trabajar y, a pesar de todo, en la iglesia han estado a mi lado para aconsejarme y darme apoyo. El padre del bebé no termina por decidirse, y se siente presionado cuando le hablo de casarnos. Por lo tanto, a pesar de que lo amo, decidí terminar con él por completo. No creo que nos ame; si lo hiciera, creo que estaría más interesado y decidido. Ahora no sé qué hacer, mi trabajo no es estable, y no sé si volver con él, darle tiempo o decirle que se aleje. Necesito una instrucción para saber qué hacer con mi vida, con mi hijo, porque ya somos dos. Pienso solo en este bebé, que depende de mí.

❧

En esta situación tan difícil le expresé a esta joven las siguientes reflexiones:

Gracias por la confianza de escribirme, y pido a Dios que la guíe en esta situación tan crucial para su vida y para la vida de su hijo. Quisiera enriquecer su criterio con algunas reflexiones que espero le permitan mantenerse firme en la decisión correcta que ha tomado de terminar la relación con el padre de su hijo.

El amor tiene características únicas, y son muy diferentes al capricho o bien al enamoramiento que nos lleva a idealizar una relación o a una persona. El amor es respetuoso, es fiel, no es egoísta, no piensa en lo suyo sino que piensa en el beneficio de los demás. El amor es más que palabras y promesas. Es la capacidad que tengo de sacrificarme lo que indica que aquello es amor. Y esto no lo veo en la descripción que me hace de la actitud de su ex novio.

El amor inmaduro es egoísta, exige, pide, demanda, no soporta las tensiones, es impaciente con cualquier cosa que se interponga en su camino, y trata de dominar manipulando. Pero, en el momento de la verdad... abandona.

El amor no se impone, ni trata de dominar, sino que procura la LIBERTAD de la otra persona. Busca la realización de quien se ama, eleva su dignidad, inspira respeto y aprecio, y otorga valor. EL AMOR MADURO es el que ha aprendido a entregar y a renunciar. Es el que sabe decir: «Lo siento», y recorre el camino. El amor espera, recapacita, pide perdón, se entrega y cede. Esto produce algo más que un sentimiento; es carácter que desarrolla amor de verdad. Esto solo lo puede dar Dios, y su ex novio no ha nacido de nuevo. No conoce este camino, solo el de la autocomplacencia.

El amor no se suplica, no se mendiga ni se impone. El amor es libre y voluntario. El amor se otorga con generosidad, sacrificio y entrega. La capacidad que hemos desarrollado para amar, es la que hemos desarrollado para sacrificarnos. Usted ha amado a su hijo, sus padres la han amado y su iglesia la ha amado.

La mayor prueba del amor está en el hecho de darle a la otra persona la libertad de decir no, la oportunidad de decidir y sentirse respetada, pero nunca amenazada.

El amor es la decisión de honrar, proteger, embellecer y cuidar a la persona amada. El amor no hace nada indebido, no busca lo propio, el amor nunca deja de ser. Este tipo de amor es la expresión natural de quien ama. El amor no juega con los sentimientos de la otra persona ni es caprichoso. El amor procura lo mejor para el otro y lo demuestra.

Lo que usted ve es lo que usted recibe. No puede casarse con una promesa de cambio. Lo que usted observa en el carácter, en las actitudes y en la expresión de los valores que cree, es lo que obtendrá en el futuro. Gracias a Dios que no se casó, porque su vida hubiera sido un viaje de abandono, inestabilidad, infidelidades y un dolor profundo compartido con varios hijos. Esto no es justo para una persona buena como lo es usted.

Brille; ha llegado el momento de encontrarse con Dios, el Dios que restaura, que levanta, que da segundas oportunidades, que viste de blanco. Usted cuenta con el amor y respeto de su familia y de la iglesia. Y, con la ilusión de construir un futuro para su hijo, tiene todo para brillar, para verse completa y libre, y para disfrutar al máximo la restauración de Cristo Jesús. Levante su rostro como quien ha encontrado el perdón de Dios.

Doy gracias a Dios por la iglesia donde está, porque le han dado la mano, y le han acompañado. Doy gracias a Dios por su familia, porque le ha perdonado, le ha respaldado y le ha animado a continuar. La iglesia y su familia la han amado y le están demostrando la gracia de Dios. Usted no necesita nada más.

Siga pidiendo un milagro por el padre de su hijo, para que se convierta a Cristo Jesús, para que encuentre su libertad en Cristo. Pero usted no lo necesita aunque sea el padre de su hijo, porque nada de lo que ha hecho ha demostrado que les ama. No lo juzgue ni lo condene; más bien ámelo entregándolo a Dios.

Le voy a enseñar cómo sacar a alguien de su corazón. Cada vez que piense en él, bendígalo y entréguelo a Dios. No niegue el sentimiento que tiene, pero este sentimiento no va a nublar su inteligencia. Cuando sienta algo por él, lleve el sentimiento al plano espiritual y bendígalo. Pero no deje que su imaginación vuele. Lleve cautivo su sentimiento a la libertad de Cristo Jesús. Un día despertará y se *sentirá completamente libre. Pero usted viva sabiéndose libre desde ahora.*

Brille en Cristo y deje que los frutos del Espíritu de Dios resplandezcan en usted. Ofrezca a su pequeño el mejor de los ambientes; simplemente ámele.

Vuele en los brazos de Cristo Jesús, vuele alto, y que nada la detenga porque están por venir sus mejores años. Si un día alguien la ama, está bien; pero no necesita que alguien la ame para estar bien, para estar completa, porque ahora usted está completa en Cristo.

Exprese su amor a su familia, a su iglesia y a sus pastores. Exprese su amor a quienes le han dado la mano, porque me siento orgulloso de ellos, de todos aquellos que han sido los brazos de Cristo Jesús para su vida. Su relato, en lugar de tristeza, me causa ilusión y esperanza, porque es la historia de la redención, de la salvación.

CAPÍTULO XV

Algunas palabras
a los líderes de jóvenes

«No forniquen». Parece simple y probablemente para ellos lo sea.
Quisiera saber cómo lo logran, pero no me atrevo a preguntar.

Del diario de una joven

Un sábado más en el grupo de jóvenes y siempre hablamos cosas muy lindas. ¡Admiro a muchos de mis amigos porque parecen estar tan cerca de Dios! Yo continúo como siempre, con mis luchas y parece que solo logro sobrevivir. Juan dice que nuestra intimidad es solo asunto de nosotros, que no comente con nadie, pero sé que no está bien lo que hacemos. Si tan solo pudiera comentarle a alguien. Pero seguro que se haría un gran problema; probablemente todos se darían cuenta, y entonces tendría que dejar de venir. No sé qué hacer.

En la iglesia me miraban como a una cualquiera... la historia de Carmen

Llevaba un mes de ser cristiana y todo iba bastante bien. En el trabajo conocí a un muchacho cristiano, nos hicimos amigos, y al poco tiempo había ganado mi cariño. Un día, ambos confesamos nuestros sentimientos e iniciamos una relación amorosa.

El primer mes fue como un sueño. Creí que había encontrado al hombre ideal, y que aquel amor iba a borrar el sufrimiento causado por relaciones anteriores en las que mi corazón había quedado destrozado. Al menos así lo creí.

Al mes decidimos tener relaciones sexuales. Todo continuó igual por un tiempo, pensé que duraría para siempre. Sin embargo, la relación se fundamentaba cada vez más en el contacto sexual, y el amor era menos importante. Al tiempo, él comenzó a cambiar, me prestaba menos atención y se preocupaba más por otras chicas. Ya no podía sentir su amor. Días después quedé embarazada. No sabía qué hacer, tenía miedo. Me sentía sola y confundida. Cuando finalmente se lo dije, se puso a llorar y a lamentarse. En realidad no podía esperar otra reacción, pues era dos años menor que yo.

Mi mamá se dio cuenta y, al confirmar mi estado, ella y mis hermanos se sintieron decepcionados. Sin embargo, me dieron su apoyo. La familia de él se desmoronó. No soportaban que su reputación se viera por los suelos. En la iglesia se desilusionaron de mí y me miraban como a una «cualquiera».

Hace aproximadamente un mes que pasó todo eso. Mi vida ha cambiado; mi cuerpo y mi corazón están destrozados. Sin embargo, a pesar de todo ese dolor, Dios está conmigo y me ha dado una segunda oportunidad.

Gracias, Dios, por darme tu amor incondicional, y ahora digo que lo mejor es abstenerse, ya que por muy bonito que parezca un amor, el sexo lo extingue.

$$\iff$$

Es evidente que el asunto de la sexualidad y la fe es un tema con muchas aristas. La percepción a través de las encuestas y entrevistas que se llevaron a cabo para conocer la opinión de los jóvenes en esta cuestión, dejan entrever que los hombres como las mujeres no están encontrando, dentro de la iglesia, respuestas acertadas, ni herramientas que les faciliten conciliar estos dos ámbitos.

Muchos de ellos parecieran vivir un doble discurso: por un lado está lo que creen y quisieran hacer en relación al ejercicio de su sexualidad y, por otro, lo que realmente hacen. Pareciera que, para ser aceptados y no censurados en los grupos de jóvenes, y en los ministerios de la iglesia y los pastorales, esconden sus verdaderas luchas y sentimientos, y lidian con estos ellos solos.

La falta de apertura para hablar de forma directa y honesta del tema, hace que cada vez más jóvenes opten por seguir sus emociones, sin obtener una guía espiritual que les ayude a sortear el camino en este asunto tan vital para todo ser humano.

Se esperaría que la iglesia sea un lugar de restauración, al que nos acerquemos confiados con nuestras faltas y carencias, para ser guiados y acompañados hacia esa vida plena de la que Jesús habla al enfatizar que el reino de Dios está entre nosotros. Sin embargo, muchos jóvenes tienen la percepción de que a la iglesia se debe llegar sin mancha, o lograr un estado de pureza para poder «ser parte de». Así también, el énfasis exacerbado que se pone en los pecados de tipo sexual provoca un estado de hermetismo y una actitud de que «todo está bien conmigo en ese aspecto». Esto pone a los jóvenes en un mayor riesgo de caer en prácticas sexuales inadecuadas que vayan en detrimento del desarrollo pleno de sus vidas en todos los ámbitos del ser integral.

> *Es una carga no poder ser todo lo puro y bueno que se requiere para encajar en el grupo*

La presión que reciben de sus líderes y pares (aunque en su intimidad todos estén sufriendo lo mismo) es tan fuerte, que es frecuente verles simplemente desaparecer de la iglesia para no sufrir la afrenta de no ser todo lo puro y bueno que se requiere para poder seguir siendo parte de los elegidos.

Más aun, dentro de las iglesias muchos de los jóvenes tienen relaciones sexuales, y cargan con una pesada culpa por hacerlo. Es cierto que constantemente se les recuerda su deber de mantenerse puros; sin embargo, poco se dice de la forma de lidiar con los deseos e impulsos sexuales naturales que experimentan todos los seres humanos. La consigna es: *«Usted es soltero, no fornique»*; y ellos se preguntan: *«¿Cómo hacerlo?»*, o bien, *«¿Por qué hacerlo?»* Tradicionalmente, ha sido una enseñanza paradójica que al final aterriza en un *«cada quien vea cómo hace»*.

> *Hay mucha ignorancia y mal formación en este campo*

Lo cierto es que hay mucha ignorancia y mal formación en este campo, y se termina por asumir posiciones intransigentes y deshumanizadoras que fomentan en los jóvenes prácticas negativas «en lo oculto» a manera de lidiar, de alguna forma, con esta área.

Lejos de dar respuestas acertadas y útiles, la mayoría de los líderes de jóvenes entran en pánico al darse cuenta de que las parejas de novios en sus iglesias están sosteniendo relaciones sexuales. Ante el conocimiento de esta realidad, las respuestas en términos de condenación no se dejan esperar.

Más aun, es usual que a este grupo en sí se les trate de forma despectiva, y como población «en transición», ya que se espera que contraigan matrimonio pronto. Los comentarios en torno a la soltería de los miembros de la iglesia, que a cierta edad aún no se han casado, a veces se tornan hirientes y contrarios al amor a Dios. Es decir, los líderes mismos los empujan a creer que no pueden ser personas plenas y completas si no dan el paso de contraer nupcias a la brevedad posible.

Por el contrario, el papel de la iglesia es ser contracultura, agente de cambio que propicie que las personas jóvenes tomen conciencia de la necesidad de desarrollarse de forma integral, desde su posición de jóvenes solteros, buscando la plenitud, no a partir del estado civil, sino a través de cumplir el propósito de Dios en sus vidas. Tanto la soltería como el matrimonio son dones, y cada quien es libre de ejercer tanto uno como el otro de acuerdo a su proyecto de vida.

La sociedad en general les dice a las personas que no se limiten en cuanto a ejercer su sexualidad, ni la repriman. El mensaje entonces es vivir entendiéndola como un placer físico desligado del compromiso del matrimonio. Mientras tanto, contrario a lo que se esperaría, la iglesia aborda el tema de forma superficial y general, y las situaciones particulares se tratan cuando ya ha surgido un problema.

El liderazgo espiritual juega un papel preponderante en los hombres y mujeres que se comprometen con grupos cristianos. La autoridad que asumen las personas en el liderazgo es una responsabilidad que debe tomarse en cuenta de forma seria en la Iglesia. La credibilidad desmedida que les otorgan los jóvenes a sus líderes puede tener consecuencias positivas o negativas.

La sexualidad es integral, por lo tanto, la iglesia no es un espacio en el que aquella pueda hacerse invisible. Esto significa que la sexualidad está presente en la iglesia, tanto como en el trabajo, en el hogar, en fin, en todos los lugares en los que confluyen los seres humanos. La sexualidad no es algo que se pueda separar antojadizamente de la personalidad, ya que es intrínseca a la naturaleza humana. La sexualidad influye

> *La sexualidad es intrínseca a la naturaleza humana*

en todos los aspectos de la vida diaria, así como cada aspecto de la vida personal se interrelaciona con ella. Es física, espiritual y psicológica. Las circunstancias de la cotidianidad no afectan solo a ciertas áreas de la vida, sino que afectan todo lo que forma parte de la persona. Considerar que no hay interrelación entre lo afectivo, lo espiritual y lo físico, es falaz y, en algunas ocasiones, incluso riesgoso. Tal manera de pensar fragmenta la identidad humana, lo que podría causar descompensaciones emocionales, así como sentimientos de vacío. El ser humano es integral.

Podría suponerse, a partir de la profesión de fe, que la totalidad de los jóvenes cristianos, al ser solteros, no mantienen relaciones sexuales. Sin embargo, se observó en el sondeo que se hizo para conocer las prácticas de algunos de ellos en este ámbito, que tal presuposición no es verdadera, ya que, dentro de un grupo de cincuenta jóvenes, ocho están activos en su vida sexual, y de ellos, tres son hombres y cinco son mujeres.

En términos porcentuales, se puede decir que el setenta y ocho por ciento de los jóvenes cristianos a los que se les consultó no tenían relaciones coitales en ese momento de sus vidas, pero el restante veintidós por ciento sí. Se puede decir, entonces, según la información recolectada, que existe un porcentaje de jóvenes que, aunque asisten a grupos cristianos, mantienen relaciones sexuales.

Ahora bien, es importante señalar que, para estos jóvenes, el grupo cristiano al que asisten es un espacio relevante en sus vidas, ya que aunque también participan en agrupaciones deportivas y artísticas, entre otras, para la mayoría esta es su principal actividad fuera del trabajo y los estudios.

Otra inquietud, con respecto a los jóvenes, tiene que ver con la opinión personal con respecto a las estipulaciones de las congregaciones sobre las relaciones sexuales. Existe la percepción de que la mayoría de los jóvenes concuerda con las consideraciones que el cristianismo posee acerca de la sexualidad, basadas en principios bíblicos. Por lo tanto, se podría pensar que es correcto inferir que las personas que han abrazado el cristianismo, acepten el principio de las relaciones sexuales como acto exclusivo para el matrimonio heterosexual, basado en un principio bíblico dado por Dios. Sin embargo, consideramos que partir de esta premisa podría no ser acertado.

Por lo anterior, consideramos importante empezar por confirmar si los jóvenes tenían conocimiento de lo que estipula la doctrina cristiana sobre la sexualidad. Con respecto a este tema, cuarenta y siete de los participantes en el estudio dijeron tener conocimiento de que el cristianismo atribuye las relaciones sexuales al acto exclusivo del matrimonio. Se puede observar que la mayoría de ellos conocía los preceptos que su profesión de fe expone. Una persona de este grupo de cristianos contestó que su religión no estipula nada sobre la sexualidad. Por consiguiente, se comprende que, aunque la mayoría de los jóvenes tenían claro los preceptos del cristianismo, no se puede generalizar esta noción para todos, ya que existen posibilidades, como en este caso, de alegar desconocimiento o de no tener claro cuáles son los principios estipulados por el cristianismo.

Es interesante resaltar que, a pesar de que el noventa por ciento tenía conocimiento de la doctrina de su iglesia, solo treinta y tres de ellos afirman estar de acuerdo con ella. Además, otras seis personas expresaron no estar de acuerdo, tres expresaron nunca haber pensado en el tema, cinco no se habían decidido sobre qué opinar, y una de ellas se abstuvo de opinar del todo.

> *Algunos jóvenes pueden no estar de acuerdo con lo que oyen en su iglesia*

Esto podría denotar que, aunque los jóvenes vayan a la iglesia, y participen de los grupos juveniles, algunos de ellos pueden no estar de acuerdo con lo que oyen en su iglesia.

Dado lo anterior, es importante facilitarles a los jóvenes material que sea de su interés, sobre todo en aquellas áreas que desean fortalecer y, por este medio, obtener de forma progresiva su confianza.

Así, sería posible abrir espacios de diálogo por medio de los cuales se pueda hablar sobre temas tabú, como la sexualidad y las prácticas sexuales en la vida cotidiana de los jóvenes.

Al indagar sobre temas de interés para desarrollar material dirigido a nuestros jóvenes, algunos de los mencionados por los encuestados fueron: autoconocimiento, existencialismo, cómo vivir de forma equilibrada con la fe, maneras de enfrentar la tentación, manejo sano de emociones y la autoestima. Es importante recalcar que este último tema fue uno de los más solicitados. Otros mencionados fueron:

> *Se debe abrir espacios de diálogo por medio de los cuales se pueda hablar sobre temas tabú*

formas de establecer una relación diaria y vivencial con Dios (este, y otros semejantes, revelan una gran inquietud en temas espirituales), fe, confianza en Dios, oración y lectura de la Biblia. Los temas que para ellos son importantes pueden ser interpretados como una clara inquietud con respecto a sus vidas espirituales, y como un anhelo de estar preparados para solventar las situaciones que los confrontan con su realidad y su fe.

En los jóvenes, pareciera existir una gran inquietud en cuanto a cómo refle-
jar su fe en su diario vivir, mostrando acciones concretas que demuestren sus
creencias personales. Para alcanzar
estos propósitos, la iglesia es la influencia más fuerte en sus vidas. Sin embargo, la información que se tiende a
transmitir es la que aborda la sexualidad de manera restrictiva, cargándola
de connotaciones negativas y culposas. Esta tendencia puede darse porque este
tipo de información es la menos compleja de transmitir. El carácter culposo exi-
me a los líderes de tener que dar explicaciones detalladas sobre el manejo de
deseos, sentimientos y sensaciones, tachándolos como «malos». Por lo anterior,
algunos argumentos que procuran motivar la posposición de lo genital para el
matrimonio, en ocasiones pueden carecer de elaboraciones que se puedan aplicar
a la vivencia concreta de cada individuo.

> La iglesia es la influencia más
> fuerte en la vida de los jóvenes
> cristianos

Dentro de los comentarios que surgieron, dos jóvenes mencionaron que la
lucha por vivir los preceptos cristianos es menos compleja cuando se experimenta el apoyo de otros jóvenes. De esta manera, expresan ellos, no se siente
soledad en la lucha contra las tentaciones sexuales premaritales, y les ayuda a
sentirse menos culpable por experi-
mentar deseo, cansancio para seguir,
y dudas. El verbalizar las dificultades
ayuda a experimentar compañía, apoyo y entendimiento por parte de jóvenes que puedan estar pasando, o han
pasado, por momentos similares:

> La lucha por vivir los preceptos
> cristianos es menos compleja
> cuando se experimenta el
> apoyo de otros jóvenes

*La persona con quien estoy, mi compañero, mi novia, o quien sea, si tiene
las mismas convicciones, podemos apoyarnos mutuamente. ¿Y cómo se
refuerza eso? Asistiendo a la iglesia, o a grupos de apoyo de diálogo, compartiendo con personas con la misma línea de pensamiento.*

Otro comentario similar sobre la importancia de contar con un grupo de
personas que sirvan de apoyo, explicaba lo siguiente:

Ojalá encuentre un grupo de jóvenes, pues si tuviera un círculo de amistad donde hubiese compresión entre todos, sentiría que hay un acuerpamiento, que no estoy luchando yo solo, sino que tengo amigos que están en la misma situación y, por lo tanto, hay como una especie de consuelo y de entendimiento entre todos.

> *Se hacen necesarias explicaciones detalladas sobre el tratamiento de los deseos, sentimientos y sensaciones*

Las relaciones de amistad con personas que posean convicciones similares a las propias, son de ayuda, y de gran aliento en los momentos difíciles, según se pudo observar en los comentarios anteriores. El tener estas redes de apoyo contribuye con el manejo de conceptos claros, tanto en lo ideal como en lo práctico. El apoyo ayuda a mantener las decisiones tomadas, tanto en los momentos de claridad como en las situaciones confusas.

Es importante que la iglesia pueda brindar espacios de convivencia e interacción que fortalezcan relaciones de confianza para el reforzamiento de las convicciones cristianas. Lo anterior brinda herramientas necesarias para las posibles situaciones de peligro, para manejar con prudencia las circunstancias más tentadoras y, sobre todo, para evitar las situaciones peligrosas que podrían atentar contra las convicciones personales.

Otra recomendación brindada por los jóvenes es disponer de materiales de consulta que contribuyan con el acompañamiento, y que aporten consejos prácticos para el crecimiento personal, a través de anécdotas y testimonios que les ayuden a enfrentar positivamente los sentimientos de

> *El apoyo ayuda a mantener las decisiones tomadas, tanto en los momentos de claridad como en las situaciones confusas*

soledad en esta travesía hacia una vida sexual sana y satisfactoria. Es importante para los jóvenes que este material brinde consejos útiles que ayuden a enfrentar situaciones comprometedoras contrarias a sus convicciones. A la larga, quebrantar su convicción de mantenerse en abstinencia sexual hasta el matrimonio, tiende a conllevar culpas y remordimientos que les causan angustia espiritual y situaciones emocionales adversas.

Otro factor que mencionaron como importante para la enseñanza en la iglesia, es que toda formación con respecto a temas de sexualidad debe ser integral, debe tocar el asunto en lo práctico, en las diferentes áreas de la vida diaria, exponiendo situaciones a las que cualquier joven podría enfrentarse. Los jóvenes en la encuesta comentan su preocupación con respecto al poco trato del tema en general. Se menciona que en algunas congregaciones suele ser poco y esporádico el abordaje del asunto de la sexualidad. Es frecuente que solo se desarrolle como una experiencia exclusiva para el matrimonio, pero sancionada para aquellos que caen en actividades sexuales antes de establecerse este vínculo.

> *Se debe tener a disposición material que brinde consejos útiles que ayude a enfrentar las situaciones comprometedoras contrarias a las convicciones cristianas*

La sexualidad, al ser un tema tabú —incluso para líderes juveniles, pastores y sacerdotes, entre otros—, genera ansiedad en las personas jóvenes, y así también sentimientos profundos de culpa, soledad y hasta desesperación. Es una pena que la experiencia sea esta, y que no se proporcione acompañamiento para desarrollar seguridad en las propias convicciones, y una relación personal con un Dios que, por el contrario, recibe a sus hijos con ojos de amor y misericordia.

El tema puede ser tabú a tal punto que aun los propios líderes cristianos llegan a atravesar situaciones conflictivas en el área de la sexualidad. No obstante, el peso social de la comunidad cristiana sobre sus vidas, y su responsabilidad de líderes, es aun mayor, lo que genera que eviten buscar ayuda por temor a que alguien descubra sus debilidades.

Ante esta realidad, algunos jóvenes y expertos en la materia a lo largo de esta investigación han recomendado que la iglesia asuma una mayor actividad en pro del apoyo que se les brinda a los jóvenes en los diversos temas circunscritos al ámbito de la sexualidad. A continuación, un resumen de alguna de las recomendaciones concretas:

> *Se debe hablar libremente sobre las inquietudes, luchas y experiencias de los jóvenes*

- Propiciar espacios permanentes en los que, de forma intencional y más bien relajada, los jóvenes puedan hablar libremente sobre sus inquietudes, luchas y experiencias. Por ejemplo, establecer grupos pequeños dirigidos por un líder, para que se aborden, de forma preventiva, aquellos temas en que los jóvenes necesitan ser orientados, no desde un punto de vista puramente espiritual, sino más bien en cuanto a las situaciones, circunstancias y problemáticas que enfrentan en la vida cotidiana.

- Al igual que en todas las áreas de la vida, hacer lo que hizo Jesús: no juzgarlos, si algunos están sexualmente activos, ni tampoco justificarlos. Más bien mostrarles el camino con amor y firmeza, a fin de que ellos tomen la decisión a nivel personal. Con este fin se pueden establecer diálogos reflexivos a partir de preguntas como: *¿Qué te ha aportado? ¿En qué te ha enriquecido? ¿Te ha aportado una mejor calidad de vida? ¿Te sientes mejor?*

- No se trata de decirles que las relaciones sexuales prematrimoniales son malas, ya que la mayoría conocen esta verdad bíblica. Más bien se trata de ayudarles a descubrir la verdadera motivación de su comportamiento, a partir de hacerles reflexionar con preguntas como: *¿Qué es lo que realmente estás buscando? ¿Qué es lo que estás buscando satisfacer? ¿Cuál es la verdadera necesidad que quieres o necesitas llenar?*

- Los procesos dirigidos a propiciar cambios de conducta usualmente son largos y requieren gran esfuerzo. Dios apresura los alcances de ese proceso y va acortando los tiempos. Sin embargo, no es realista creer que el cambio se dará de la noche a la mañana.

- La cultura actual fomenta el deseo del hombre de poseer a la mujer como objeto de placer y de esta a someterse a los deseos del hombre a fin de mantener su interés en ella. Solo a partir de una adecuada percepción fundamentada en los principios bíblicos de respeto, admiración y consideración, es posible encontrar esa mutua realización.

> *Un verdadero cambio no se da de la noche a la mañana*

ANEXO

Percepción de los jóvenes cristianos sobre la sexualidad

Gráficas y comentarios

Este libro nació a partir de la inquietud de conocer las concepciones subjetivas de la experiencia de fe que tienen los jóvenes solteros, así como sus percepciones, decisiones y actuaciones en torno a la sexualidad.

Con este fin se realizó esta investigación fundamentada en la convicción de que únicamente cuando las personas desarrollan libertad particular para vivir coherentemente, sus actos y sus formas de pensar lograrán tomar decisiones firmes que probablemente les permitirán desarrollar un proyecto de vida más satisfactorio.

La población seleccionada consistió en *jóvenes solteros mayores de veinticinco años.* Uno de los propósitos del estudio fue trascender el abordaje que, en la educación sexual, se brinda a poblaciones adolescentes o, por otro lado, a parejas casadas. Tomando como premisa la afirmación cristiana de que las relaciones sexuales son exclusivas para el matrimonio, se propuso abordar una población de jóvenes con ingreso propio, edad para tener independencia de su familia de origen, y un estado civil no comprometido —es decir, solteros que no están conviviendo en unión libre—, aunque estén involucrados en una relación de noviazgo. Se entiende aquí por noviazgo una relación sentimental de conocimiento mutuo y atracción romántica.

Se buscaron agrupaciones religiosas de diferentes denominaciones para recolectar la información. Se indagó en una agrupación católica de solteros profesionales y en un grupo evangélico similar en sus características de población.

El primer paso para realizar la investigación consistió en una aproximación anónima con respecto a la vida práctica de adultos solteros en los ámbitos de la sexualidad, la recreación y la espiritualidad. Con este fin se diseñó una encuesta que se enfocó en las siguientes áreas:

➢ Participación en grupos.
➢ Percepción del consumo personal de bebidas alcohólicas.
➢ Relevancia de proyectos económicos, laborales, sentimentales y sociales.
➢ Vida sexual (si es o no activo sexualmente).
➢ Profesión de fe a la que la persona se adscribe.
➢ Cogniciones con las que integra la profesión de fe con la sexualidad.
➢ Temas de interés personal.

El cuestionario fue realizado por un total de cincuenta personas, hombres y mujeres. A continuación los resultados:

Pertenencia a grupos

Para empezar, se preguntó a las personas acerca de su participación en agrupaciones externas en lo laboral o familiar. Esto, con el propósito de evaluar las redes de apoyo, así como los intereses personales de los hombres y mujeres que participaron de la investigación.

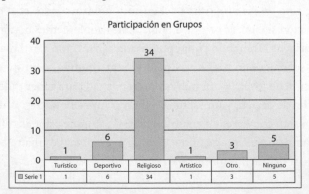

Participación en Grupos

	Turístico	Deportivo	Religioso	Artístico	Otro	Ninguno
Serie 1	1	6	34	1	3	5

Como puede observarse en el gráfico anterior, treinta y cuatro de los jóvenes participan en grupos religiosos. Esto era de esperarse, debido a la selección de la población participante, y el contexto en el que se realizó el cuestionario. No obstante, llama la atención que, aunque se participa de otros grupos, el nivel de participación es mucho menor.

Consumo de bebidas alcohólicas

Antes de indagar sobre los temas de sexualidad y de fe con mayor profundidad, se preguntó respecto al consumo personal de bebidas alcohólicas. Así como en la pregunta anterior sobre *participación en grupos*, era de interés conocer las preferencias de estas personas en sus tiempos de ocio. Entre los jóvenes latinoamericanos, el consumo del alcohol es común, y se puede esperar entre los jóvenes adultos, por lo que puede considerarse como una conducta esperable.

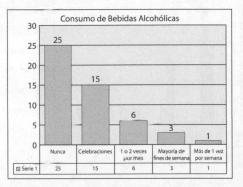

Como puede observarse en el gráfico, veinticinco personas afirman nunca haber consumido bebidas alcohólicas, y quince más dicen hacerlo únicamente en celebraciones especiales. Además, seis personas afirmaron consumir bebidas alcohólicas una o dos veces al mes, y tres otros participantes dijeron hacerlo la mayoría de los fines de semana. Solo una persona afirma que bebe licor más de una vez por semana.

Si agrupamos los datos de modo que pueda determinarse el alcohol como un elemento regular en la vida de las personas, podemos concluir que cuarenta personas del grupo consideran el alcohol como algo que no forma parte de sus vidas, o que entra en juego únicamente en situaciones extraordinarias. Para las otras diez personas, las bebidas con licor tienen una presencia rutinaria en su cotidianeidad; por supuesto, reiterando los niveles variados de consumo.

Relación entre consumo de alcohol y fe

De las personas entrevistadas, diez católicas, trece evangélicas y dos bautistas, afirmaron no beber nunca. Las personas que manifestaron beber solo en ocasiones especiales fueron seis personas católicas y nueve evangélicas. Solo una persona evangélica y cinco católicas dijeron beber alcohol una o dos veces al mes. Una persona agnóstica y una persona evangélica afirmaron beber la mayoría de los fines de semana. Y, finalmente, una persona evangélica dijo beber alcohol más de una vez por semana. Esto puede apreciarse en el siguiente gráfico.

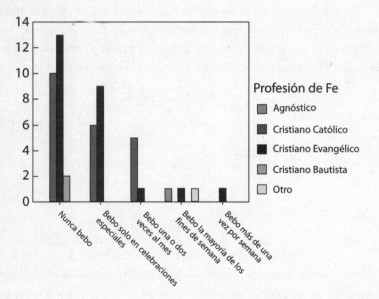

En general, puede observarse que la población mantiene un consumo bajo de alcohol si se le compara con las proporciones establecidas por investigadores como Torres, et al., donde el 83.4 % de su población de estudio eran bebedores sociales, y el 11.1 % abstemios.[1]

Consumo de alcohol y sexo

En la población encuestada, catorce mujeres y diez hombres nunca beben; doce mujeres y tres hombres beben solo en celebraciones especiales; y tres mujeres y tres hombres beben una o dos veces al mes. Dos hombres y una mujer beben la mayoría de los fines de semana, y una mujer afirmó beber más de una vez por semana. Esto se refleja gráficamente a continuación.

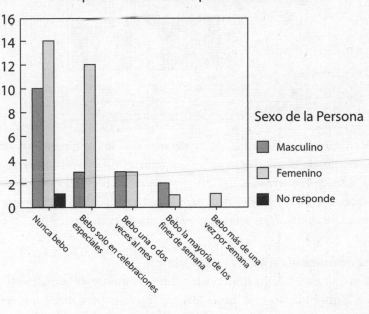

Percepción del consumo personal de alcohol

Importancia atribuida a los proyectos

Se indagó con respecto al nivel de importancia que se atribuye a algunos proyectos característicos de la etapa de vida correspondiente a la población estudiada. En el cuestionario se presentaron cuatro categorías: proyectos económicos, proyectos laborales, proyectos sentimentales y proyectos sociales. Se solicitó a los participantes que ordenaran los proyectos de acuerdo a la importancia que ellos, en su opinión, otorgan a cada alternativa.

Posteriormente, cuando se analizaron los datos, se contabilizó el número de personas que consideran las alternativas como «la más importante de todas». También se contabilizaron, de modo aparte, las respuestas que consideraban a las alternativas como «la segunda opción más importante».

Como se puede observar en el gráfico, los proyectos sentimentales fueron seleccionados como los más importantes, por una mayoría de veinticuatro personas, seguidos de los proyectos laborales (17), los proyectos económicos (8), y los proyectos sociales (6).

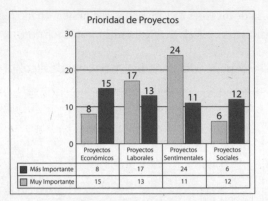

	Proyectos Económicos	Proyectos Laborales	Proyectos Sentimentales	Proyectos Sociales
Más Importante	8	17	24	6
Muy Importante	15	13	11	12

Por otro lado, quince personas seleccionaron los proyectos económicos como su segunda alternativa en orden de importancia. Los proyectos laborales fueron la segunda alternativa de trece personas, y los proyectos sociales ocuparon el segundo lugar en prioridad, para doce participantes. Finalmente, once personas seleccionaron los proyectos sentimentales como su segunda opción.

Temas de interés fuera del ámbito laboral

Con una metodología similar a la pregunta anterior, se les pidió a los participantes que ordenaran, de acuerdo a sus intereses personales, una serie de opciones con respecto a temas sobre los que les gustaría recibir material o aprender más.

Las respuestas se analizaron de la siguiente forma: las categorías de evaluación se desglosan en un rango del 1 al 10, en el que 1 es *el tema más interesante* de todos, y cualquier calificación entre 2 y 5 se considera como *muy interesante*.

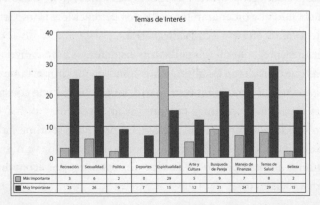

	Recreación	Sexualidad	Política	Deportes	Espiritualidad	Arte y Cultura	Búsqueda de Pareja	Manejo de Finanzas	Temas de Salud	Belleza
Más Importante	3	6	2	0	29	5	9	7	8	2
Muy Importante	25	26	9	7	15	12	21	24	29	15

El tema calificado como el más interesante fue el de «la espiritualidad», donde veintinueve personas lo calificaron con un 1 (nota máxima). El siguiente tema más seleccionado fue el de «búsqueda de pareja», escogido por nueve personas, seguido por «temas de salud», escogido ocho veces. El tema de «manejo de las finanzas» fue seleccionado por siete personas. Le siguen los temas de «sexualidad» (6), «arte y cultura» (5), «recreación» (3), «belleza» (2) y «política» (2). El tema de «deportes» no fue escogido por nadie como el más interesante.

Ahora bien, aunque una persona no seleccionara un tema como su favorito, si este estaba en sus siguientes cuatro prioridades de interés, se le contabilizó como un tema catalogado como *muy interesante*. Dentro del rango de temas *muy interesantes*, el orden de las opciones más seleccionadas fue el siguiente: «temas de salud» (29); «sexualidad» (26); «recreación» (25); «manejo de las finanzas» (24); «búsqueda de pareja» (21); «espiritualidad» (15); «belleza» (15); «arte y cultura» (12); «política» (9) y «deportes» (7).

Definición de la sexualidad

De las cincuenta personas que respondieron al cuestionario, cuarenta y seis elaboraron una definición de la sexualidad, mientras que cuatro personas dejaron la pregunta en blanco. Las respuestas se categorizaron en cuatro dimensiones, que comprenden diversos elementos. La manifestación de los diferentes elementos se expresa por medio del porcentaje de respuestas en las que un elemento dado apareció.

1. **Respuestas relacionadas con la vida en sociedad:** En este ámbito se incluyen las relaciones con todas las personas, como expresiones de sexualidad (28.2% de las respuestas). También se incluyen las que definen sexualidad como la forma de convivir con el sexo opuesto (26% de las respuestas). Algunas personas definieron la sexualidad como producto del aprendizaje social o de representaciones sociales (6.5% de las respuestas). Finalmente, un número reducido de participantes se limitaron a identificarla como medio para la reproducción (2.17% de las respuestas).

2. **Respuestas relacionadas con las dimensiones de identidad y placer:** Algunas personas definieron sexualidad como algo relacionado con

lo genital del ser humano (23.9% de las respuestas). Algunas personas lo identificaron con las nociones de placer (6.5% de las respuestas). Otras definieron sexualidad como relacionada con la vida emocional (13.04% de las respuestas) y el forjamiento de la identidad propia (8.7% de las respuestas).

3. **Respuestas relacionadas con una relación de pareja consolidada:** Algunos de los participantes definieron sexualidad a partir de los sentimientos de amor hacia la pareja (10.9% de las respuestas), la responsabilidad hacia un compromiso (2.17% de las respuestas) y el contexto del matrimonio (6.5% de las respuestas).

4. **Respuestas relacionadas con la espiritualidad:** Algunas personas definieron la sexualidad como una entrega total de la persona (8.7% de las respuestas), y la caracterizaron como una dimensión espiritual y sagrada del ser humano (21.7% de las respuestas).

Vida sexual de la población encuestada

Ante la pregunta, «¿Es usted sexualmente activo?», diez de las personas participantes afirmaron serlo, mientras que treinta y cinco respondieron no serlo. Cinco personas dejaron la pregunta en blanco.

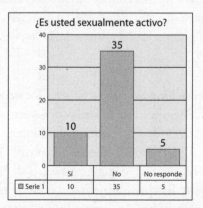

De las personas sexualmente activas, cinco son hombres y cinco son mujeres. De las personas que manifiestan no ser sexualmente activas, doce son hombres y veintitrés son mujeres. Entre las personas que no respondieron a la pregunta, dos son hombres y tres son mujeres.

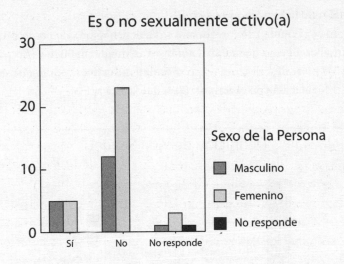

Por otro lado, las personas que afirman ser sexualmente activas son de diferentes denominaciones religiosas. Una de ellas es agnóstica, cinco son cristianos católicos, y cuatro son cristianos evangélicos. Las cinco personas que no respondieron son evangélicas.

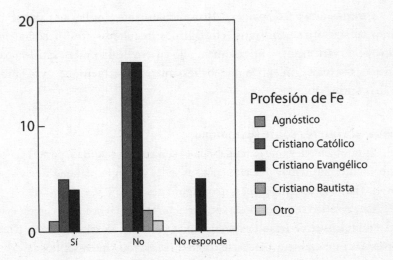

Percepción de la propia vida sexual

Dando continuidad a la pregunta 7, se ha deseado indagar cómo definen su vida íntima los jóvenes que están activos sexualmente. El 80% de las personas encuestadas no se describieron como sexualmente activos, por lo que se trabajará esta información con el restante 20% que sí está activo.

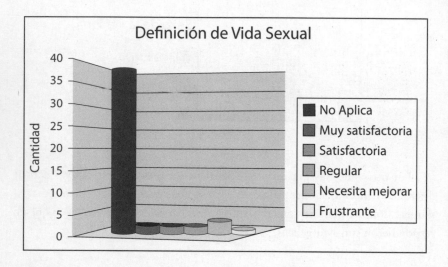

De estos diez participantes activos sexualmente, dos llevan vidas sexuales «muy satisfactorias», dos «satisfactorias», dos «regulares», tres «necesitan mejorar», y uno «frustrante». En resumen, solo cuatro de diez están satisfechos con sus vidas sexuales, mientras que los restantes seis sienten que su vida sexual podría ser mejor.

Temas de interés sobre sexualidad

Es también relevante entender cuáles son en la actualidad, para el grupo de informantes, los temas que atañen a sus vidas según la realidad que viven los jóvenes adultos, los cuales fueron los siguientes:

En el gráfico se puede observar que el tema de mayor interés en estos jóvenes adultos es el de la autoestima. Veinte personas lo seleccionaron como el tema más interesante, y diecisiete como un tema muy interesante.

Cómo segundo tema más elegido quedó el de manejo de emociones, con dieciocho personas interesadas en él como el tema *más interesante* de la lista de opciones, y con dieciséis personas que lo eligieron como *muy interesante*. El tercero elegido como más interesante, como se nota en el gráfico, es el de comunicación cotidiana, y lo han señalado como tema *muy interesante* dieciocho personas.

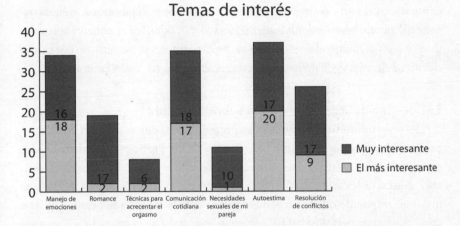

Profesión de fe

Aunque la denominación religiosa es uno de los datos sociodemográficos, se optó por no indagar este aspecto hasta este punto del cuestionario. Esto con el propósito de no encuadrar las preguntas sobre las decisiones sexuales dentro del marco de la religiosidad asumida.

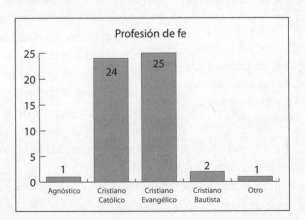

La mayoría de los participantes se definieron como cristianos evangélicos y, por poca diferencia, se encuentra el cristianismo católico, con veintiuna personas. Enseguida después se registraron, con un alto margen de diferencia, dos bautistas, un agnóstico, y una persona que seleccionó la opción «otro».

Estas cifras se deben a que los grupos de trabajo que colaboraron con la investigación respondían a grupos religiosos: una agrupación cristiana católica y una agrupación cristiana evangélica. Si bien otras personas colaboraron voluntariamente llenando los cuestionarios, el resultado demográfico es coherente con los grupos que fue posible alcanzar. El resto de participantes se localizaron por medio de correo electrónico. Esto hace que este resultado sea natural y esperado.

La doctrina de la propia religión sobre sexualidad

Al preguntarles qué estipulaba su profesión de fe con respecto a las relaciones sexuales fuera del matrimonio, el 88% de los participantes, distribuidos equitativamente entre las denominaciones religiosas católica y evangélica, contestó que las relaciones sexuales son exclusivas para el matrimonio. Un 6% (una persona) respondió que la sexualidad puede vivirse como cada persona quiera, comentario que pertenece al único sujeto agnóstico de la muestra. El restante 6% (una persona) afirmó que su religión no estipula nada en relación a la sexualidad, afirmación sostenida por una persona católica.

Opinión personal respecto a la profesión religiosa

Ahora bien, es importante para la investigación indagar la opinión de los participantes en su individualidad, con respecto a lo que su profesión de fe recomienda, pues conocer lo que se estipula no es lo mismo que estar en consenso con ello. En el cuadro siguiente se muestra que el 68% de los encuestados opinaron que están de acuerdo con las normas que su profesión de fe estipula. Esto quiere decir que treinta y cuatro personas opinaron que lo deseable en la vida es reservar las relaciones sexuales exclusivamente para el matrimonio.

> *Lo deseable es reservar las relaciones sexuales exclusivamente para el matrimonio*

El porcentaje más alto después del anterior es el de los jóvenes adultos que opinaron no estar de acuerdo, lo que implica un desacuerdo de seis personas.

Le sigue en número de personas la posición de cinco encuestados que no se han decidido si están de acuerdo o no. El otro 6% (tres personas) afirman no haber reflexionado sobre el tema, y dos personas se abstuvieron de dar su criterio.

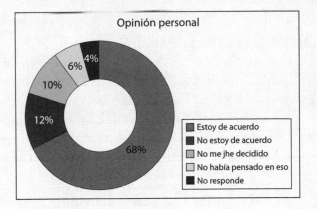

Denominación religiosa y opinión

Las personas que afirman no estar de acuerdo con su profesión de fe son tres de religión católica y tres de religión evangélica. El único sujeto agnóstico afirmó estar de acuerdo con su filosofía. Quince personas de religión católica, diecisiete de religión evangélica y una bautista, también manifiestan estar de acuerdo con su profesión de fe en el tema de la sexualidad. Las tres personas que

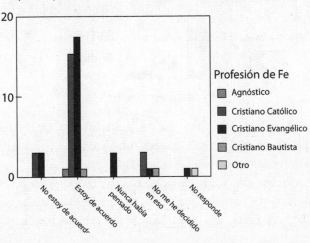

afirman nunca haber pensado sobre el tema son de religión evangélica. Tres personas católicas, una evangélica y una persona de religión bautista, afirman no haberse decidido aún en cuanto a su opinión. Esto se puede apreciar en el siguiente gráfico.

Recomendar a otros o no las propias decisiones

Otra de las inquietudes que se quiso abordar fue si estos jóvenes recomendarían a otros las propias decisiones que han tomado con respecto a su sexualidad. Se obtuvo la respuesta de treinta y seis personas (esto significa un 72%) que sí recomendarían a otros sus propias decisiones, y las catorce restantes (28%) expresaron que no recomendarían a otros las decisiones que ellos han tomado.

De las personas sexualmente activas, cuatro de ellas sí recomendarían sus

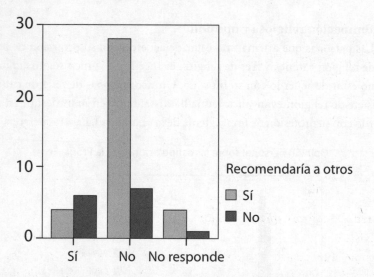

decisiones anteriores con respecto a la sexualidad a otros. De las treinta y cinco personas que no son sexualmente activas, solo siete no recomendarían sus decisiones anteriores con respecto a la sexualidad a otros.

Para finalizar, como el interés de esta investigación es ver la sexualidad en el joven adulto como parte integral de su vida, interesa analizar no solamente nociones con respecto a sexualidad, sino sus intereses en temas del ámbito espiritual. Por esta razón, se les consultó a los participantes sobre sus inquietudes en este campo. Y de ellos, el 82% de la población estuvo interesada en compartir algunas ideas al respecto, y solamente un 18% dejó la pregunta en blanco. Con base en este 82%, se sistematizaron los resultados de la consulta, que fueron los siguientes:

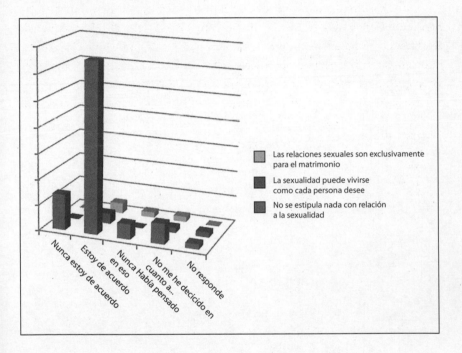

Inquietudes sobre espiritualidad

Existe un interés significativo en temas sobre desarrollo personal: el auto-conocimiento, el control de emociones, la autoestima —que es uno de los más mencionados en los formularios—, el existencialismo, cómo vivir equilibrada-mente y, al fin, cómo resistir las *tentaciones*.

El siguiente tema de mayor preponderancia fue cómo establecer una rela-ción vivencial, cotidiana y concreta con Dios, siendo este tema manifestado en los aspectos relacionados con fe y confianza en Dios, cómo es Dios, la oración y lectura de la Biblia, además de conocer explicaciones acerca de los fenómenos sobrenaturales.

Con menos incidencia, pero igualmente importantes y válidas, están las inquietudes sobre la institución eclesial a la que se pertenece, información sobre cómo enfrentar las demandas de la rutina cotidiana con respecto a la presión social y de trabajo, los modos para relacionarse efectivamente con los demás, la vida de pareja —extrañamente no fue el tema mayormente mencionado—, y cómo llevar a cabo proyectos de ayuda social.

Bibliografía

Belliotti, R. "La sexualidad", capítulo 27 en Peter Singer, comp., *Compendio de ética*, pp. 433-48. Madrid: Alianza Editorial, 1995.

Blanco, M., C. de Mézerville, M. del Valle. *Facilitación de la comunicación familiar. Propuesta de talleres para padres*. Universidad de Costa Rica, Sede Rodrigo Facio, 2004.

Bolaños, S. "La reivindicación del odio". Tomado de I. Vega y A. Cordero, eds. *Realidad familiar en Costa Rica*. San José, Costa Rica: FLACSO, 2001.

Branden, Nathaniel. *La psicología del amor romántico*. Barcelona: Paidós Ibérica, 2000.

———. *Los seis pilares de la autoestima*. Barcelona: Paidós Ibérica, 1996.

Brenes, A. *El laboratorio de comunicación matrimonial*, en: "Tesis presentada para optar por el grado de doctor en sicología". Universidad de Barcelona, 1979.

Caballo, V. "El entrenamiento en habilidades sociales", capítulo 18 en *Manual de técnicas de terapia y modificación de conducta*, tercera edición. Madrid: Pirámide, 1993.

Davison, G. y J. Neale. *Sicología de la conducta anormal*, segunda edición. Nueva York: Limusa Wiley, 2000.

De Mézerville, Gastón. *Ejes de salud mental: Los procesos de la autoestima, dar y recibir afecto y adaptación al estrés*. México: Trillas, 2004.

Epstein, N., S. Schlesinger y W. Dryden. *Cognitive-Behavioral Therapy with Families*. Nueva York: Brunner/Mazel, 1988.

García-Moreno, Claudia. *Violencia contra la mujer: Género y equidad en la salud*. Organización Panamericana de la Salud: 2000. http://www.paho.org/spanish/DPM/GPP/GH/Moreno.pdf.

González Martín, B. "La mediación familiar: Una intervención para abordar la ruptura de pareja". *Medifam* 11, no. 10 (diciembre 2001): pp. 56-60. http://scielo.isciii.es/scielo.php?pid=S1131-57682001001000006&script=sci_arttext.

Jacobson, N. y A. Christensen. *Acceptance and Change in Couple Therapy*. Nueva York: W. W. Norton, 1996.

Jacobson, N. S. y G. Margolin. *Marital Therapy: Strategies Based on Social Learning and Behavior Exchange Principles*. Nueva York: Brunner/Mazel, 1979.

Leman, K. *Música entre las sábanas*. Miami: Unilit, 2006.

Maxwell, John C. *Las 17 leyes incuestionables del trabajo en equipo*. Nashville: Grupo Nelson®, 2001.

Melody, P., A. Wells y K. Miller. *La adicción al amor*. España: Obelisco, 1997.

Minirth, F. y B. & D. Newman. *Etapas del matrimonio*. Nashville: Grupo Nelson®, 1995.

Nelson, J. y S. Longfellow. *La sexualidad y lo sagrado*. Bilbao, España: Desclée de Brouwer, 1996.

Picado, Miguel. *Sexualidad y catolicismo: Los orígenes del conflicto*. San José, Costa Rica: Departamento Ecuménico de Investigación, 2006.

Santelices, L., W. Romo, V. Astroza y R. de la Fuente. *El misterio de la sexualidad humana*. Chile: Ediciones Universidad Católica de Chile, 1992.

Stamateas, B. *Sexualidad y erotismo en la pareja*. Barcelona: CLIE, 1996.

Torres, J. R., M. Duquesne y C. Turró Marmol. "Consumo de alcohol y riesgo de alcoholismo". Revista Cubana Medicina Militar 29, no. 2 (2000): pp. 103-108.

Yancey, Philip. *Rumores de otro mundo*. Grand Rapids: Vida, 2003.

Referencias electrónicas

De Irala, J. *La continencia periódica: Equilibrio entre sensualidad y ternura*. Universidad de Navarra, Departamento de Medicina Preventiva y Salud Pública, 2006. http://www.unav.es/preventiva/sexualidad_fertilidad/.

Houts, R., T. Huston, y E. Robins. "Compatibility and the Development of Premarital Relationships". *Journal of Marriage and the Family* 58, no. 1 (febrero 1996): pp. 7-20. http://links.jstor.org/sici?sici=0022-2445(199602)58%3A1%3C7%3ACATDOP%3E2.0.CO%3B2-Q.

Rodríguez, A. "¿Nombre de la ciencia que estudia los procesos de comunicación?" Universidad Autónoma de Barcelona, Departamento de comunicación audiovisual y publicidad, s.f. http://www.portalcomunicacion.com/esp/dest_comunicologia_1.html.

Soca Guaimieri, Juan José. "Resolución de conflictos, negociación y organización". Arzobispado de Santiago, Vicaría para la educación, s.f. http://www.iglesia.cl/proyectos/oticalianza/docs/resolucion_de_conflictos.doc.

Vera-Gamboa, L. "Historia de la sexualidad". *Revista Biomédica* 9, no. 2 (abril-junio 1998): pp. 116-21. http://www.revbiomed.uady.mx/pdf/rb98927.pdf.

Notas

Capítulo 2

1. L. Santelices, W. Romo, V. Astroza y R. de la Fuente, *El misterio de la sexualidad humana* (Chile: Ediciones Universidad Católica de Chile, 1992).
2. Ibid., pp. 14, 15.
3. Ibid., p. 13.
4. Ibid.
5. Consejo Nacional de la Política Pública de la Persona Joven, Primera encuesta nacional de juventud, Costa Rica 2008: Principales resultados (San José, Costa Rica: Fondo de Población de las Naciones Unidas, UNFPA, 2008), p. 85.
6. Raymond Belliotti, "La sexualidad", en *Compendio de ética*, comp. Peter Singer (Madrid: Alianza Editorial, 1995), pp. 433-48.

Capítulo 4

1. Nathaniel Branden, *Los seis pilares de la autoestima* (Barcelona: Paidós Ibérica, 1996).

Capítulo 10

1. Philip Yancey, *Rumores de otro mundo* (Grand Rapids: Vida, 2003), pp. 84, 97.
2. Ibid., pp. 84, 89.
3. Miguel Picado, *Sexualidad y catolicismo: Los orígenes del conflicto* (San José, Costa Rica: Departamento Ecuménico de Investigación, 2006), pp. 59-60.

Capítulo 12

1. Janine Puget e Isidoro Berenstein, *Psicoanálisis de la pareja matrimonial* (Buenos Aires: *Paidós*, 1988), pp. 15-16.
2. John C. Maxwell, *Las 17 leyes incuestionables del trabajo en equipo* (Nashville: Grupo Nelson®, 2001), p. 201.
3. N. Epstein, S. Schlesinger y W. Dryden, *Cognitive-Behavioral Therapy with Families* (Nueva York: Brunner/Mazel, 1988).
4. V. Caballo, "El entrenamiento en habilidades sociales", cap. 18 en *Manual de técnicas de terapia y modificación de conducta* (Madrid: Pirámide, 1993), p. 440.
5. Caballo, "El entrenamiento en habilidades sociales".
6. Citado en N. Jacobson y A. Christensen, *Acceptance and Change in Couple Therapy*, (Nueva York: W. W. Norton, 1996).
7. R. Houts, T. Huston y E. Robins, "Compatibility and the Development of Premarital Relationships", *Journal of Marriage and the Family* 58, no. 1 (febrero 1996): pp. 7-20. http://links.jstor.org/sici?sici=0022-2445(199602)58%3A1%3C7%3ACATDOP%3E2.0.CO%3B2-Q.
8. Jacobson y Christensen, *Acceptance and Change in Couple Therapy*.

9.   Ibid., p. 25.
10. B. González Martín, "La mediación familiar: Una intervención para abordar la ruptura de pareja", *Medifam* 11, no. 10 (diciembre 2001): pp. 56-60. http://scielo.isciii.es/scielo.php?pid=S1131-57682001001000006&script=sci_arttext.
11. Epstein, Schlesinger y Dryden, *Cognitive-Behavioral Therapy with Families*.
12. Citado en Gastón de Mézerville, *Ejes de salud mental: Los procesos de la autoestima, dar y recibir afecto y adaptación al estrés* (México: Trillas, 2004).

Anexo

1.   J. R. Torres, M. Duquesne y C. Turró Marmol, "Consumo de alcohol y riesgo de alcoholismo", Revista Cubana Medicina Militar 29, no. 2 (2000): pp. 103-108.

Acerca del autor

Sixto Porras es reconocido internacionalmente como experto, conferencista y autor en temas sobre la familia y la juventud. Como director de Enfoque a la Familia para Iberoamérica, ha impartido conferencias relacionadas con los temas de familia, juventud, comunicación entre padres e hijos y desarrollo personal por todo el mundo. Él y su esposa Helen son padres de Daniel y Esteban.